青鸟新知

Royal Botanic Gardens Kew

Marianne North

A Very Intrepid Painter

大自然的恋人

玛丽安娜·诺斯的画旅人生

[英] 米歇尔·佩恩——著

刘启新　刘然——译

江苏凤凰科学技术出版社 | 南京

目录

扉页　233号作品：印度植物沙柚木（*Tectona undulata*）的花枝

导言　1号作品：亚马孙王莲。玛丽安娜·诺斯藏品中的第一幅画

前环衬　诺斯画廊局部内景

后环衬　481号作品：塞舌尔，海龟湾的月亮倒影

导言

克里斯托弗·米尔斯（Christopher Mills）

邱园图书馆艺术与档案馆馆长

2015 年 12 月

纵观玛丽安娜·诺斯（Marianne North）的人生，她在很多方面给世人留下了难以想象的非凡遗赠。倘若她在维多利亚时代的旧制陈规里随波逐流，那么她最终不过留名家谱，供人谈资。所幸，诺斯并不愿把自己培养成社交名媛，也不望嫁作人妇、相夫教子，而是志在远游，热衷自主独立，探索发现，记录各地的珍奇动植物和风土人情。

可以设想，环游伊始，诺斯作画主要是为自娱，想为自己的所见创作一部个人记事。在除南极洲外的其他各大洲的游历过程中，她秉持独特的风格，加之勤奋多产，最终创作了一部图文并茂、惊艳世人的植物和山水游记。当她在英国皇家植物园①邱园里的画廊一经开放，那满室奇妙的绘画作品和记述文字又令参观者得以认识可能一生也不会踏足的他乡异境。正是通过她的画作，人们欣赏到了邱园温室里的植物在野外的生长实况。所以，她的画廊一方面可供休闲娱乐，另一方面也颇具教育和传播意义，她的画作拓展了人们的世界观。

除了绘画，诺斯还采集和发现了多个新的植物种类。当时有些植物学家对她的画艺不屑一顾，因为她并未严格遵循植物学插图的创作技法，他们对其画作所

---

① 英国皇家植物园（Royal Botanic Gardens）是世界上著名的植物园及植物分类学研究中心，包括位于伦敦西南部泰晤士河南岸的邱园（Kew）和位于萨塞克斯（Sussex）的韦园（Wakehurst）两大部分。邱园现已被联合国教科文组织认定为世界文化遗产。——译者注（本书注释皆为译者注，特此说明）

具有的教育作用亦不以为然。但是，他们却不得不认可玛丽安娜在科学发现上做出的重要贡献。植物学上有 1 个属、4 个物种都是以她的姓氏"诺斯"命名的，这一成就鲜有人、更鲜有其他女性可以企及。

诺斯小姐在文字方面也给世人留下了重要的遗产。除了她在已出版的个人回忆录《幸福生活的回忆》（*Recollections of a Happy Life*）之外，她还给众多私人好友及请教者洋洋洒洒地写下了万语千言。邱园档案馆收藏了她生前一系列重要的往来书信和手稿。米歇尔·佩恩女士以此为原始素材，对这位杰出女性的性格、复杂经历、成就等深入探究。一如诺斯小姐将世界各地的珍奇植物鲜活地展示给人们一样，这本书也将给大家展现一个鲜活的玛丽安娜。

邱园始终占据玛丽安娜·诺斯人生故事的中心。幼时她曾到邱园参观植物，正是这次参观激起了她遍访自然、识赏植物的热望。后来，同样是在邱园，她创立了画廊，现在经过修缮恢复，继续给参观者带来享受和知识。"独一无二"这个词如今不乏滥用、误用，但用来形容玛丽安娜·诺斯和她的邱园画廊，实在是恰如其分。

第一部分

玛丽安娜·诺斯小传

以"诺斯"命名的植物

艺术成长之路

玛丽安娜·诺斯的生活

玛丽安娜肖像，由玛丽·霍尔（Mary Hall）1866年绘于黑斯廷斯（Hastings）小屋。

玛丽安娜·诺斯的生活

早年生活

　　玛丽安娜·诺斯于 1830 年 10 月 24 日出生在英国黑斯廷斯①一个富有的郡望之家。同年，她的父亲弗雷德里克·诺斯（Frederick North）当选为黑斯廷斯的议员。与父亲的亲密关系使玛丽安娜受益匪浅。在其出版的回忆录《幸福生活的回忆》中，她写道："我最初的回忆无一不与我父亲相关，在我的人生中，他从始至终都是我唯一的偶像和朋友。除他之外，我甚少快乐，也没有秘密。"相反，玛丽安娜很少谈及自己的母亲，与她的关系不是很亲密。玛丽安娜有一位比她年长许多的同母异父的姐姐珍妮特（Janet），是母亲第一段婚姻的孩子，还有一位比她大两岁的哥哥查尔斯（Charles），以及小她 7 岁的妹妹凯瑟琳（Catherine）。

　　对于旅行，玛丽安娜从小就不陌生。如同大多数上流社会的家庭一样，诺斯一家每年都要来往于城乡之间消夏过冬。每年夏天，全家人要在位于诺福克郡（Norfolk）拉格汉姆村（Rougham）的祖屋至少住上一阵。这段从黑斯廷斯到诺福克距离 160 英里（约 257 千米）的旅程，在玛丽安娜的记忆里"得花上漫长的一周"。冬天全家一般在黑斯廷斯度过，

玛丽安娜的父亲弗雷德里克·诺斯，摄于1835年。

---

① 英国英格兰东南部东萨塞克斯郡东南沿海的一个非都市区、自治镇。

而从复活节到 8 月中旬这段社交忙季则生活在伦敦。

　　玛丽安娜记录自己最早的一次旅行是举家去苏格兰，在她看来这是一次"大事件"。走水路从伦敦先到爱丁堡，然后再乘长途马车前行。回到南方则是先乘长途马车，然后换乘当时最先进的交通工具——火车。"在那个时代，铁路是很少见的，"玛丽安娜写道，"通常要坐很远的马车才会有铁路。我们坐在旅客车厢里，车厢后拖着一节货车，上面堆满了行李。"

在欧洲的冒险旅程

　　玛丽安娜在经历了数月苦闷的校园生活（这是玛丽安娜唯一受过的正式教育）之后，1847 年，她与家人又一起踏上了一段更加冒险的旅程——环欧洲之旅。这趟旅行从 1847 年持续到 1850 年，他们先是在德国的海德堡（Heidelberg）待了 8 个月。在海德堡，玛丽安娜与父亲两人怀着共同的热爱，一起享受着激动人心的冒险生活。她在回忆录中记述了与父亲的探险活动："乘火车出发，然后深入森林，越过丘陵和山谷，在那里邂逅漂亮的狍子、野兔或狐狸……显然，一切都是那么安宁祥和，尽管那时欧洲各地正在酝酿着一场巨变①。"离开海德堡，诺斯一家又到了慕尼黑（Munich）。在这里，玛丽安娜感染了严重的伤寒。在她痊愈之后，全家人又继续前往奥地利的萨尔茨堡（Salzburg），并在那里度过了夏天。他们的下一个目的地是维也纳，并且打算在此地度过冬天。然而，当他们抵达维也纳时，恰逢一场革命起义爆发。全家人被迫经历了一场惊心动魄的逃亡，才从凶险的暴动中脱身。维也纳则被围困了一个月。②

　　全家人最终安全抵达格拉芝（Gratz，今格拉茨 Graz）。他们是那里唯一的英国人，一直住到了春天。4 月，他们穿过布伦（Brunn）和布拉格（Prague）旅行到瑞士，经由那里抵达德累斯顿（Dresden）。然而，在此处他们再次遭遇了革命运动。玛丽安娜没有细述这段经历，但写道："我们看到到处都是可怜的死伤者，这让我们真切见

① 指 1848 年欧洲各国爆发的一系列武装革命，主要是平民与自由主义学者对抗君权独裁的武装革命。
② 1848 年 3 月 13 日，奥地利首都维也纳爆发了推翻梅特涅政府的示威游行，示威群众筑街垒与政府军展开战斗。

识了战争的残酷。"全家在德累斯顿住了 3 个月，而后取道柏林前往普特布斯（Putbus），从那里继续前往汉堡（Hamburg），而后又在比利时的布鲁塞尔逗留了 6 个月，直到 1850 年才回到英国。

一段田园诗般的经历

虽然玛丽安娜接受正式学校教育的时间很短，但从回忆录来看，她在传统女性普遍掌握

威廉·约翰·牛顿（William John Newton，1785—1869）爵士为年方24岁的玛丽安娜画了这幅精美的肖像，作画地点为诺福克郡拉格汉姆村的诺斯公馆。（承蒙诺斯家族许可翻印。本图由鲍勃·比林顿拍摄）

---

① 爱德华·李尔（Edward Lear），19 世纪英国传奇博物画家，曾任维多利亚女王的绘画老师。

1830年 玛丽安娜·诺斯于10月24日出生于黑斯廷斯。

1847年 诺斯家族开始长途旅行，亲历了欧洲各地的革命暴动和一次围攻事件。

1850年 家族旅行结束，回到英格兰。

1855年 玛丽安娜的母亲去世；玛丽安娜决定全心全意照顾父亲。

1856年 威廉·胡克爵士将一枝华贵樱珞木作为礼物送给玛丽安娜，激发了她去热带地区探访的渴望。

1867年 玛丽安娜开始对油画着迷，着手专门进行油画创作。

1869年 玛丽安娜的父亲去世，玛丽安娜随之失去生活重心，并陷入长久的悲痛之中。

1871年 玛丽安娜开始了她的首次独自旅行。在到访了加拿大和美国后，她在圣诞节前夕抵达牙买加，并在那里待了5个月。

的音乐和美术方面都很有天赋（关于玛丽安娜的艺术成长之路，见本书 21~26 页）。玛丽安娜自认为在青春期，"为之疯狂的"是音乐而不是美术。她写道："在欧洲的那个时期，我有时一天会花 8 个小时在钢琴上。"她对唱歌尤其感兴趣，但常常因紧张而胆怯。"令人苦恼的是，在那些要我唱歌的场合我却从来发挥不好，会令人无比恼火地习惯性怯场；当让我出来表演才艺时，我就觉得头晕眼花，身体不由自主地发抖。"

在随后的几年里，玛丽安娜继续过着幸福的生活，就像在欧洲旅行之前一样。她依然热衷于唱歌和绘画。虽然她喜欢与父亲的朋友们在一起，但在正式的社交聚会上她并不自在。玛丽安娜对礼节和刻板习俗的厌恶从这时就开始显露，终其一生都溢于言表。她曾写道，无论怎样，参加舞会对她来说无异于一件"苦差事"。

关心和陪伴

玛丽安娜的母亲于 1855 年去世。在回忆录中她对这件事仅有简短的描述。母亲让玛丽安娜承诺永不离开她的父亲，而玛丽安娜也全身心地遵守着——照顾父亲，并一直陪伴着他，直到他生命的终点。在父亲还健在时，诺斯家在伦敦购买了一套公寓，后来成为她在伦敦的永久居所。从此，玛丽安娜陪着妹妹凯瑟琳和父亲过着比以往更简单的生活。在城里，她们需要的仆人和接待的访客变少了。玛丽安娜写道，这时期来往的只有"真正的朋友"，因为公寓的 87 级台阶自然而然地使那些"泛泛之交"望而却步。

由于大多数时间都在伦敦，玛丽安娜和父亲参观了奇斯威克花园（Chiswick）和邱园。在回忆录中，她特别记录了邱园园长威廉·胡克爵士（Sir William Hooker）送给她的赠礼——首次在英国盛开的华贵璎珞木（*Amherstia nobilis*）①。她写道，收到这束美丽的花，"使我越来越渴望去热带地区看看"，并说道，其实她的父亲正在考虑安排这样一次旅行，但前提是他能有足够的时间。

在议会休会期，玛丽安娜、凯瑟琳和父亲就会离开伦敦，前往拉格汉姆和黑斯廷斯，或去国外。在 1859 年，她们从法国穿越比利牛斯山脉，直至西班牙。玛丽安娜尤其对西班牙的活力和多彩感兴趣，但对马德里是个例外。在她眼里，那是"一座可怜而做作的城市"，只有其美术藏品

——
① 豆科璎珞木属种类。

才能为之稍稍加分。第二年夏天，她们在瑞士、意大利、克罗地亚、匈牙利、土耳其和希腊旅行。玛丽安娜发现威尼斯拥有"数不胜数的奇观"，但只有雅典给她留下了最深刻的印象，使得她写道："如果全世界只能造访一个地方，我会说'去雅典'，对它的记忆可伴你度过余生。"

1865年，当玛丽安娜的父亲参加议会选举失败后，他们迎来了一次踏上更远旅程的机会。那时凯瑟琳已经在前一年结婚，玛丽安娜只好和父亲一起旅行。他们的主要目的地是埃及，但一路也踏足了瑞士、奥地利、意大利、希腊的科孚岛（Corfu）和锡罗斯岛（Syros）、土耳其、黎巴嫩、叙利亚、以色列和巴勒斯坦，并在1867年回到欧洲。

玛丽安娜的一幅绘画作品，描绘了她的父亲在黑斯廷斯小屋的院子中看书的场景。（承蒙诺斯家族许可翻印。本图由鲍勃·比林顿拍摄）

丧亲之痛

1869年，玛丽安娜和父亲又一次离开了英格兰。这时父亲已经年近七十，身体日渐病弱。之后他们听从医嘱回到了英格兰。就在他们回到英格兰仅仅3天后，即1869年10月29日，玛丽安娜的父亲离开了人世。父亲的去世压垮了玛丽安娜，在回忆录中她写道：

> "在近40年的光阴里，他一直是我的朋友和旅伴，现在我必须学会没有他时该如何生活，并且尽力找到其他兴趣作为生活的寄托。我只想一个人待着，我受不了与别人谈起他或与他有关的其他任何过往……我直接去了芒托尼（Mentone，今芒顿Menton），专心于自然绘画，并且试图从我周围的美好世界中感知如何让这份工作成为我以后的生活重心。"

在首次没有父亲的旅途中，玛丽安娜和女仆伊丽莎白结伴，从法国芒托尼出发，沿着里维埃拉（Riviera）①前往西西里（Sicily）。这次结伴旅行不太成功，以至

---

① 里维埃拉地区，又称作蓝色海岸地区（Cote d'Azur），是滨海阿尔卑斯省和摩纳哥王国的总称，位于法国东南部的边境地带，毗邻意大利。

于最后玛丽安娜觉得还不如独自旅行。在那个时代，没有男性作伴的女性旅行者仍然相当罕见。玛丽安娜记录了她因此所受到的一些偏见，比如房东只会把五楼以上的下等客房租给女性旅行者。更严重的是，她们曾经被一群武装劫匪包围——尽管最终很幸运，这些人没有威胁到她们的性命。当玛丽安娜得知自己将要搬去的镇上有一位女性旅行者遭遇枪杀后，她仍然不改旅行计划，足见其勇气之大。尽管玛丽安娜身为上层阶级，人脉高广，加之随身携带的介绍信，使得她有了一定保护，但她所

中年的玛丽安娜正在进行绘画创作。

具有的勇气和冒险精神在维多利亚时代的刻板女性形象中，仍不失为一股清流。

伊丽莎白比玛丽安娜早几个月回到英格兰，而玛丽安娜与妹妹凯瑟琳及妹夫约翰[1]在意大利热那亚（Genoa）短暂见了个面。由于玛丽安娜仍然处于父亲亡故的悲痛之中，她没能好好陪伴妹妹，她甚至写道："不断地谈话令我感觉疲惫，一谈几个小时，之后，我只想坐下来大哭一场，感觉比以前更加孤独。"

1870 年夏天，玛丽安娜回到英格兰，依然住在伦敦的公寓中。在她回来之前，她志愿申请去协助护理普法战争中的伤员——在维多利亚时代，护士是未婚妇女的常规职业。但这一申请没有得到任何回应，对此她似乎倒松了口气。回国不到一年，她再次启程，前往加拿大和美国，开始了她第一次真正意义上的独立旅行。

玛丽安娜站在山中之家门口的台阶上。手写的题词内容是："玛丽安娜·诺斯在家中，摄于奥尔德利的山中之家。5月至11月，生活在继续。"

独自旅行的那些年

在 1871 年至 1885 年间，玛丽安娜四处漫游，不论到哪儿都不辍画笔。如今在邱园画廊展出的 848 幅绘画作品基本都是这一时期的创作。如本书的第二部分所列，

———
[1] 全名为约翰·阿丁顿·西蒙兹（John Addington Symonds）。

尽管旅程止歇，玛丽安娜的画笔却依旧不辍。上图正是她晚年所画的位于奥尔德利的房子和花园中的迷人风景。

玛丽安娜的旅行地包括北美洲、牙买加、巴西、特内里费岛[①]、日本、新加坡、婆罗洲、爪哇、斯里兰卡、印度、澳大利亚、新西兰、南非、塞舌尔和智利。她用了14年，游历了15个国家，其中有几个地方还到访过多次。她的妹妹凯瑟琳曾经写道：在伦敦时，玛丽安娜看起来好像挺愉快，有朋友作伴，能短暂安顿下来，但随后"她就会出现烦躁不安的情绪，心里老想着必须画一画热带地区某个鲜为人知的角落，接着就会有人听说她又出发了"。

　　在这期间，玛丽安娜还委托并监督了邱园画廊的设计和建造。她亲自整理、装裱并悬挂这些画作，同时为门廊周围的装饰板重绘了植物纹饰。1882 年 6 月，

---

① 特内里费岛，位于大西洋东北部，靠近非洲海岸，是西班牙加那利群岛（Islas Canarias）7 个岛屿中面积最大的一个岛屿，也是西班牙人口最多的岛屿。

画廊首次对公众开放，立即得到众多参观者的热烈追捧（玛丽安娜·诺斯画廊的详细介绍见本书164~168 页）。

每况愈下的健康状况

在 19 世纪 80 年代，玛丽安娜的健康状况明显变差。1883 年当她还在塞舌尔的时候，就曾大病一场。在她的回忆录中对此没有详述，但有传闻称，当时她躁郁偏执，幻听到一些并不存在的嘲笑声，对死亡的恐惧导致她整整两天把自己禁锢在房间里。很显然，这是一段令她深感不安的经历。回忆录中也写道，她的"神经质"是一个反复发作的问题。不过，之后的文字中没有出现比这次更痛苦的描述。玛丽安娜再次开启了旅程，这次是去智利，但据说临近旅行结束时，她再次受到了"神经质"问题的折磨，即便使用镇静剂也无济于事。

一座宁静的英式花园

如前所述的原因，此时的玛丽安娜自然而然地想寻找一处宁静的住所来颐养天年。她在格洛斯特郡（Gloucestershire）的奥尔德利（Alderley）找到了心仪的山中之家（Mount House）。这是一座有着宽敞庭院的古老石头建筑。玛丽安娜在这里一边忙着打造一座令人赞叹的花园，一边通过整理旧日志和信件来撰写回忆录，回顾自己的冒险生涯。在奥尔德利的生活是那么的快乐，她写道："没有哪种生活像在英格兰乡村那样令人陶醉。"不幸的是，这样的幸福太短暂了。1888年，在被诊断出患有肝病之后，她的健康状况急转直下。虽然与病魔进行了斗争，但最终还是于1890年8月30日不幸病逝。如今，人们通过回忆录中的内容追念玛丽安娜·诺斯（回忆录的出版由她的妹妹凯瑟琳完成），但最主要的还是通过观赏邱园玛丽安娜·诺斯画廊里那些非凡的画作来纪念她。

这张照片展示了在画架前工作的玛丽安娜。由朱莉娅·玛格丽特·卡梅伦（Julia Margaret Cameron）[1]拍摄于1877年，拍摄地点在斯里兰卡的卡卢特勒，卡梅伦夫人的房子外面。（承蒙私人收藏者允许翻印）

---

[1] 英国摄影师，以善于抓住模特个性的柔焦人物像而著称。

艺术成长之路

为了消遣而学画

如同许多维多利亚时代的女孩儿那样，玛丽安娜和凯瑟琳在随同全家旅行的途中，手边通常都少不了写生本。在那个年代，水彩写生和绘画被认为是最适合年轻淑女的消遣活动之一。在回忆录中，玛丽安娜详细记述了这一爱好的形成过程。她在 20 岁刚出头的时候接受了零星的绘画培训；当全家人在 1850 年从欧洲回来后，丹麦艺术家马格达伦·冯·福温克尔（Magdalen von Fowinkel）给她上了花卉绘画的第一课，从此，玛丽安娜形成了自己对色彩及分类的理解；1851 年，玛丽安娜接受了瓦伦丁·巴索洛缪（Valentine Bartholomew）的几节培训课程，后者作为花卉画师已经在维多利亚女王身边奉职多年。

这一时期的许多艺术家大都与黑斯廷斯有联系，包括塞缪尔·普劳特[1]和威廉·亨利·亨特[2]。亨特力求使自己的作品忠实地表现自然，这使得他成为拉斐尔前派（the Pre-Raphaelites）的先驱。玛丽安娜是他的"粉丝"，赞扬他的作品"绝对自然真实"，并且对于他拒绝教她作画感到惋惜。爱德华·李尔曾在她们的园丁小屋里住过一阵，成了玛丽安娜的好朋友，并且支持她为艺术而努力。她回忆道，自己曾亲眼看着他给锡拉库萨古城（Syracuse）和温泉关（Thermopylae）的画作收尾，并利用诺斯家花园里的标本和道具来衬托异域风光。

---

[1] 塞缪尔·普劳特（Samuel Prout，1783–1852），英国建筑水彩画大师，先后奉职于乔治四世国王和维多利亚女王。
[2] 威廉·亨利·亨特（William Henry Hunt，1790–1864），英国画家，以描绘水果、鸟禽、鸟巢等自然主义作品而闻名。

上左　361号作品：生长在西西里岛西恩河上的纸莎草或纸芦苇。此图为父亲去世后，玛丽安娜在西西里岛创作的几幅纸莎草作品之一。这幅画大约绘于1870年，是画廊最早的收藏品之一。

上右　702号作品：爪哇岛糖棕的花和果，以及窗外的糖棕（*Borassus flabellifer*）。在这幅花果的特写中，玛丽安娜巧妙地通过画面左侧的窗口将整棵树完整地表现出来，从而为该幅作品提供了一个更广阔的背景。

对页左　365号作品：南非，鹤望兰和花蜜鸟。

对页右　鹤望兰。奥地利插画家弗朗西斯·鲍尔（1758—1840）所绘，为手工彩色石版画，创作于18世纪末或19世纪初。

画技探试

　　尽管在青少年时期，玛丽安娜单纯地把艺术作为爱好，但是通过她的写作还是能追溯出她绘画技艺的发展。在1859年至1860年那次到比利牛斯山脉和西班牙的旅行中，玛丽安娜创作了她的第一幅风景画，灵感来自她们在劳登（Loudon，位于法国西南部）居所

植物艺术画（botanical art）可以被视为艺术与科学之间的桥梁。植物插图（botanical illustrations）能传达一种精确的美，但也需要达到美学之外的目的。植物艺术画家致力于为特定的植物种类描绘精确的科学细节。由于对科学准确性的严格要求，促使这一艺术形式的风格传统得到发扬光大。

通常的画法是在浅色背景上用水彩作画，就像弗朗西斯·鲍尔（Francis Bauer）所绘鹤望兰的插图（本页右图）一样。这种组合创造出一种发亮的效果。但从植物艺术画家的角度来看，更重要的是，这有利于描绘非常微妙的色调，呈现色彩的本来面目。油画颜料有不同的性质，能产生强烈的色彩饱和度。玛丽安娜对油彩的独特使用赋予了她的画作以极强的活力和冲击力，这与惯例背道而驰。还有一个惯例，就是把物种单独放在画面中央，在周围尽可能画上这种植物的其他部分，但摒弃额外的背景，仅突出呈现这个物种的典型特征。玛丽安娜的作品同样与此格格不入。她的画面复杂，甚至承载过多元素，带有背景。她通过景观或植物的生长地点——如路边和庙宇旁——来表现植物。有时她还会将动物或人物包含进来，就像她的作品"鹤望兰"（本页左图），其中就有一只花蜜鸟。这可以理解为对自然的真实表现，但与传统的植物学插图真实表现自然的方式完全不同，因为在描绘单一物种时插画家特别强调科学上的准确度和细节。

周围的风景。这一经历改变了玛丽安娜早先的观点，以前她认为自己只能"按实际大小画眼前的物品"。在回忆录的字里行间洋溢着她对于用饱满亮丽的色彩进行创作的热爱，不论对象是花卉、大地、食物、衣物还是建筑。在次年的旅行途中，她进行了绘画技艺的探试。她写了自己如何在大雾天里以"一种原始性的、最不正统的画法，适应多变的天气，创作了一幅精致的作品：先描绘和完成前景，然后画后面的教堂和冰碛，最后，一点一点将山体呈现出来"。

1867年发生了一件对玛丽安娜艺术发展道路至关重要的事情。那时，澳大利亚画家罗伯特·道林（Robert Dowling）寄宿于诺斯家，直到过完圣诞季。这期间玛丽安娜经引介，跟着他学习油画。玛丽安娜描述道，用油彩作画就像"一种酗酒的癖好，一旦染上就很难戒掉"。事实也的确如此，此后玛丽安娜再也没有用水彩进行过创作。

在回忆录中可以看到，玛丽安娜在艺术上的进步，不仅体现在色彩方面，而且也体现在她偶尔通过前景和背景的层次来描绘风景的方式上。例如，在一些绘画作品中，她采用透视画法来呈现画面，在前景中描绘果实或花的特写，而在背景中则刻画整株植物或树木。她还喜欢利用边框技法，比如，有时一棵树从画作的左边或右边探入画面，或者叶片和花朵构成一个场景的侧边和顶部。她的回忆录里记满了她通过住所窗户看到的无限风光，其中有不少最后都转变成了画作。

左 602号作品：诺斯文殊兰（*Crinum northianum*）[①]

右 553号作品：沙捞越（Sarawak）[②]，王宫（Istana）边的斜桥。画中的王宫是沙捞越王公和王妃的住所。除表现了迷人的土地和河流外，玛丽安娜发现的新植物就隐于水边。在602号画作中详细展现了该种植物。玛丽安娜注明，这种植物在婆罗洲很常见，然而当时西方科学家对此还一无所知。在研究玛丽安娜的绘画时，邱园植物学家J. G. 贝克（Baker）感觉到，这种植物与其他文殊兰有明显的差异，足以鉴定为一个新种。1882年在《园艺师编年史》（*Gardener's Chronicle*）上发表这个种类的描述，并正式命名为*Crinum northianum*。

写生

　　在回忆录中，玛丽安娜告诉我们，在她父亲（她过去15年生活的重心）去世后，她"直接去了法国芒托尼，令自己全神贯注于写生，并且试着从周围的美丽世界中学习怎样使创作成为今后自己生活的主宰"。

　　想要理解玛丽安娜的作品，"写生"这个词最为重要。严格说来，也许将这个词归类为自然研究（或博物学）范畴最为贴切，而不是植物学插画范畴（详见本书23页的对比）。在回忆录中可见她对超越人为秩序和规则的自然的偏好。她经常表达自己偏爱天然野性的

[①] 为石蒜科文殊兰属种类，种加词 *northianum* 即源自 North（诺斯）。
[②] 沙捞越现为马来西亚最大的州，一般称作砂拉越州。

自然环境而非精心打理的花园、草坪和小径。尽管玛丽安娜力求尽自己所能去精准描绘自然事物，但她的眼光并不属于那种冷静而客观的科学观察者。相反，正如她的妹妹在回忆录的序言中所言，"她对植物那美丽、生机勃勃的生命个性的情感，类似于我们其他人对人类朋友的感情"。

教育目的

与其说玛丽安娜的绘画是自然研究，不如说它们更具有教育作用和意义。玛丽安娜不认为自己的绘画只能单纯地在美学上供人欣赏：它们有教育方面的作用。广义上讲，这些藏品能让走进画廊参观的观众了解到玛丽安娜曾经到访过的那些地方，在那个时代，只有少数特权阶层才能外出旅行。狭义地说，这些绘画也反映出玛丽安娜对公众在植物和植物学方面知识缺乏的一种关切。当玛丽安娜为一个将要展出她 500 幅绘画作品的伦敦画展编制目录时，她尽可能多地将一些植物的基本信息包含在内。在回忆录中，她告诉我们，这样做是因为她"发现人们总体上对博物学（natural history）的认知是可悲的。在参观自己画展的人中，竟然十有八九都认为可可粉（cocoa）是用椰子（cocoanut）做的"。通过平时的阅读、讨论和观察，玛丽安娜掌握了大量的植物学知识。她的绘画作品、分类名录以及回忆录，都已成为向大众传播这些知识的途径。

以"诺斯"命名的植物

　　尽管所受的正式教育有限，但玛丽安娜·诺斯对科学的贡献绝非微不足道。她的画作、回忆录中的记述、《诺斯画廊官方手册》以及私人通信，一同提供了所画植物的产地、生境和用途方面的详细信息。玛丽安娜在回忆录中写道，自己随时随地都在阅读科学书籍。在一定程度上，通过仔细照料她父亲在黑斯廷斯的温室，以及他们到邱园和奇斯威克花园的多次参观，她熟悉了许多植物种类。在旅行中，这些知识使她具备对所遇到的植物进行鉴定的能力。对那些她自己不能鉴定的植物，则由邱园和海外的一些杰出植物学家进行鉴定，这要得益于她用心维护了父亲留给她的人脉。

　　玛丽安娜无法鉴定她所画的一些植物，这一点很好理解。当时这些植物对整个西方科学知识而言都是新的，因此没有学名或科学描述。后来，有些植物以玛丽安娜的姓氏——诺斯（North）的变体命名，以示纪念。在诺斯画廊中展示的这类植物中有 3 种、1 属是以其姓氏命名的。

左 塞舌尔僧帽榄①（*Northia seychellana*）

501号作品：塞舌尔僧帽榄的植株、花和果。《诺斯画廊官方手册》详细介绍了在发现这个物种的过程中，玛丽安娜所起的重要作用。据说，当时邱园的确早就收藏有这种植物的种子，但无法据此确定其归属，直到玛丽安娜画了一份开花的标本。同时，最为关键的是，正是由于她为邱园获取了一份活植物标本，这种植物才得以正式鉴定和命名。经研究这是一个新属，约瑟夫·胡克爵士将该属定名为*Northea*（如今变更为*Northia*），并以它的原生地塞舌尔作其种加词定名，为*seychellana*。对该种类的描述，发表于1884年的《胡克植物图鉴》（*Hooker's Icones Plantarum*）中。这种树的整体画像见画廊的第467号作品。

右 诺氏火炬花（*Kniphofia northiae*）

367号作品：格雷厄姆斯敦（Grahamstown）②附近高大的火炬花。1883年玛丽安娜在南非时画了这幅作品。看到这幅画，植物学家坚信这是一个科学意义上的新种。玛丽安娜也为邱园提供了一份该物种的活体植物标本，促使J. G. 贝克（即为诺斯文殊兰定名的那位邱园植物学家）在1889年出版的《植物学报》（*Journal of Botany*）上发表了这个新种的描述，并把这个种定名为*Kniphofia northiae*。如今野生环境中，该种仅存于南非德拉肯斯堡（Drakensberg）地区。

① 植物中文名为新拟，隶属山榄科僧帽榄属。
② 位于南非东开普省。

诺斯猪笼草（*Nepenthes northiana*）

561号作品：一种新的食虫植物，产自婆罗洲沙捞越的石灰岩山地。在玛丽安娜绘制这幅作品的时候，这种食虫植物还不为科学家所知。当这幅画首次展出时，引起了植物学家的巨大兴趣。詹姆斯家族苗圃公司还派了一位采集员前往婆罗洲去找寻这种植物。1876年，他采集并保存的一份标本被送到了邱园。约瑟夫·胡克爵士以玛丽安娜的姓氏命名这个物种为*Nepenthes northiana*，并在1881年出版的《园艺师编年史》中对该种进行了描述。目前已知该种仅生长于砂拉越州一个保护区内，由于植物爱好者的过度采摘，已在野外濒临灭绝。

第二部分
环球之旅

PART TWO
THE TRAVELS

705号作品：洪泛期的糖棕。

维多利亚时代的女性旅行家

> "在戈登·卡明小姐把她的大手放在我肩上的同时，A女士也把我们三双手握在了一起，并为我们祈祷：'一起环球旅行的三女侠！'"

真正的淑女当不了真正的旅行家——这是维多利亚时代的一个普遍认知。人们认为：虽然妇女们可以一路追循其丈夫的足迹在大英帝国版图内到处旅行，甚至定居，但没有一位女性能自主成为真正独立的旅行家。然而，即便在那个时代，对一些人而言这种说法是站不住脚的。在回忆录中，玛丽安娜详细叙述了与另外两位女性旅行家——康斯坦斯·戈登·卡明（Constance Gordon Cumming）和伊莎贝拉·伯德（Isabella Bird）——在伦敦一次聚会上见面的情景。引言所说的"一起环球旅行的三女侠"指的就是这3位女士。伊莎贝拉在快50岁的时候才结婚，在她想去新几内亚时，她对其他人开玩笑地说："那儿不是一个可以带男人去的地方！"

早期玛丽安娜与家人一起旅行，特别是1865年她与父亲一起远游埃及，这对她后来的旅行是一个很好的锻炼机会。尽管不喜欢独自到国外，但玛丽安娜似乎总是能很快在当地落脚。她在回忆录中不无讽刺地评论道："在我独自旅行过程中，幽默通常是我最有用的朋友，对我的帮助远胜过金钱（或任何男人）。"

在锡兰（今斯里兰卡），先锋摄影师朱莉娅·玛格丽特·卡梅伦说服玛丽安娜穿上当地人的服饰并为她拍摄了这张照片。

北美洲

　　玛丽安娜一直梦想着到热带地区作画。她为之迈出的第一步，是 1871 年 7 月与老朋友斯金纳（Skinner）夫人一同出发，前往北美洲。她们的第一个目的地是波士顿。在那里，玛丽安娜拜访了老朋友，并且结识了新朋友，其中较为突出的是伊丽莎白·阿加西（Elizabeth Agassiz），她是路易斯·阿加西（Louis Agassiz）教授的妻子。阿加西教授是杰出的瑞士籍古生物学家和地质学家，具有哈佛大学的终身职位，负责组建劳伦斯科学学院（Lawrence Scientific School）和比较动物学博物馆（Museum of Comparative Zoology）。伊丽莎白协助丈夫完成远征，包括 1865 年随塞耶（Thayer）探险队到巴西考察，并且撰写了几本有关博物学的书籍；晚年，她还参与主持创建了拉德克利夫学院（Radcliffe College），并且担任过一段时间的院长。这对夫妇向玛丽安娜讲述了神奇的巴西，给她展示了照片以及在旅行过程中收集的棕榈树。玛丽安娜称之"极为有趣"。毫无疑问，玛丽安娜眼界大开。阿加西夫人允诺，如果玛丽安娜决定去巴西，可以为她提供介绍信。

　　当她们到达加拿大的时候，树木已经穿上了"华丽的秋装"。在这次旅行中，玛丽安娜对温尼伯索基（Winnipesaukee）湖的如画风景感到欣喜万分。她写道："由于槭树的绚丽色彩，白天的景色非常奇特；只有最耀眼的天竺葵花坛能与那些红色、深红色的绚丽色彩相媲美，蓝色的紫菀在前景中簇成彩色的小金字塔形状，而白色的则看起来像落满雪的微型冷杉。"尼亚加拉瀑布是她们的目的地，而且，它也没有令人失望。玛丽安娜找到了很多

潜在创作主题。她几乎不知道该从何处着手，甚至有传闻说她因为过于激动而无法创作。也有人说，即使没有瀑布，仅仅为了画那些古老的树木和湖水，玛丽安娜也会快乐地待在此地。

1875年，玛丽安娜再次前往美国，这次去了加利福尼亚州，是在去日本的途中短暂停留于此的。这次旅行的重点是"巨树"——巨杉（*Sequoiadendron giganteum*）。玛丽安娜在马里波萨巨杉林（Mariposa Grove）和卡拉维拉斯巨杉林（Calaveras Grove）都画了这种树。她也很渴望去参观一些残存的北美红杉树（*Sequoia sempervirens*）——自1849年加利福尼亚"淘金热"（Gold Rush）以来，这种树木就被大量砍伐，用作燃料和木材。在经历了艰辛，抵达这个仅存的林区后，玛丽安娜回忆道，有人向她展示了直径15英尺（约4.6米）、高度接近300英尺（约91.4米）的枯木，已经被当成柴火锯开。"它在很多方面都是无价的，"玛丽安娜写道，"想到土著居民和野生动物在数个世纪里都没有破坏的财富，那些人，那些文明人，却在几年内就将其砍伐殆尽，这真令人伤心。"

▌ 邱园里的"巨人"

红杉是非常特殊的树种。北美红杉是世界上现存最高的植物，而巨杉则是世界上体型最大的树种。在邱园的红杉林中，一株北美红杉的样品是邱园里最高的树，树高达到39.3米。不妨去参观一下玛丽安娜·诺斯的画作《庞然大物》（第214号作品），再进行一趟红杉林的旅行，你能看到同类树干的干围能达到令人震惊的8米。

---

① 五叶地锦又名五叶爬山虎，学名为*Parthenocissus quinquefolia*。

207号作品：马萨诸塞州，西曼彻斯特附近岩石上一棵古老的北美圆柏。玛丽安娜在回忆录中记述道，当时这棵树是整个美国该类柏树中唯一的标本。坐在这棵树的树荫下，她很赞同阿加西夫人的说法："我们所知晓的最大乐趣就是参观崭新而美妙的国家；相对这种乐趣，唯一的敌人就是在家里安静地待着。"

牙买加

在 1871 年的圣诞前夜，当轮船停靠在金斯顿海湾（Kingston Bay）时，玛丽安娜终于来到了她向往已久的热带地区。尽管感觉"孤苦伶仃和无依无靠"，但玛丽安娜最终还是在这里坚持待了 5 个月。

很快，在一座古老的植物园里，她在一栋不太结实的大房子里安顿下来。这个房子有 20 个房间，不过，玛丽安娜只要了一间。她将楼上面对山谷美景的大走廊作为主要的生活空间。山谷的植被非常丰富，它的多姿多彩征服了玛丽安娜。她回忆道，自己"处在一个无法自控的状态"。在她的回忆录里，她甚至宣称"自己几乎不知道应该先画什么好"。很快，她就制订了一个日常的作息安排：上午出去画画，午后回家，下午如果下雨，就待在家里，在室内继续作画。日落之后，带着探索心情散散步，天黑时回家。

玛丽安娜以这种作息方式待了一个多月。除了有两位仆人陪伴外，她过着安静、简单而孤独的生活。然而，一旦有其他欧洲人得知她在此地，就免不了会进行社交拜访，需要应酬。不久之后，她就接受了一个邀请，到克赖顿（Craigton）的总督家里做客。在这儿，像以前一样，会早晨出去，下午在花园里画画，享受着下午茶和闲聊带来的快乐。在此次逗留期间，一个最精彩的活动是去著名的蕨类步道（Fern Walk）散步。玛丽安娜既让客人住在自己的房子里，也接受许多朋友的邀请，到最后，她在这个岛上四处旅居，以至于完全不再管自己的房子了。

玛丽安娜从金斯顿旅行到了巴斯（Bath）。她十分欣赏这里一座风景如画的废弃植物园。她观察自然，悉心照料这座园子，比任何园丁更细心：她让花花草草都顺其自然地生长，掩盖那些"丑陋的、中规中矩的道路"。从巴斯出发后，玛丽安娜沿着海岸线继续向东。她对大海和椰树环绕的海滨留恋不已，完全忽略了晚上会有老鼠啃食她的靴子。她记录并画下了许多经济植物，这些植物是她在糖类作物园和香料农场碰到过的。她特别喜欢萧园（Shaw Park），认为它是"整个牙买加的璀璨宝石"，即便她觉得这个大而松散的园子有点儿乱，甚至对边桌上那罐一直放着的朗姆酒也完全没有兴趣。

虽然玛丽安娜似乎很喜欢牙买加这片尚未开发的土地，甚至承认自己试图在圣安斯贝（Saint Ann's Bay）租套空房子，但她写道："理智审慎把我带回到岛上文明的世界。"安全回到金斯顿后，她立刻觉得欣喜万分，又能和许多杰出人物为伴，"这些人读书、思考，也喜欢开玩笑，并且从不游手好闲。"

左页左 110号作品：牙买加，夜晚开放的文殊兰（*Crinum*）和蕨类植物。在金斯顿，在一只大型猎犬的陪伴下，玛丽安娜和她的朋友格特鲁德（Gertrude）经常在夜间进行长距离的骑行或散步。其中一次，玛丽安娜看到了这棵在夜间开放的美丽的文殊兰属植物。她记录道：一旦太阳完全升起，这朵花就会"像无风状态下的一面旗帜一样"垂下头。

左页右 181号作品：牙买加，弗拉姆斯特德路的景观。画中充满了典型的西印度洋植被。景观中有一株开花的杧果树、一株箬棕，以及近处的香蕉树和竹丛。

左 124号作品：牙买加，荆芥叶狮耳花（*Leonotis nepetaefolia*）[1]和医生鸟[2]。画中的这种植物是从南非引入热带的，并在玛丽安娜的那个时代成为广布于牙买加的一种杂草。在玛丽安娜的旅行记录中，她怀着愉快的心情，描述着旅行中遇见的各种鸟类。

中 130号作品：牙买加，巴斯山谷的竹子、椰子树和其他植物。玛丽安娜注意到，竹子是巴斯地区的主要景观。但是这里有一座伐竹造纸的工坊，令她感叹。

右 168号作品：牙买加，愈创木（*Guaiacum officinale*）[3]的叶、花和果。玛丽安娜在官方画廊手册中记述：这种树的木材非常坚硬，特别适合用于制作滑轮组件、直尺和碾槌。

① 荆芥叶狮耳花为唇形科狮耳花属种类。
② 医生鸟是红嘴长尾蜂鸟（*Trochilus polytmus*）的俗名。红嘴长尾蜂鸟是牙买加特有的一种蜂鸟，体长约10厘米，雄鸟的尾羽长15～18厘米，雌鸟没有长尾羽。
③ 愈创木为蒺藜科愈创木属种类。

‖经济作物

不管到了哪个国家，玛丽安娜对当地的农业生产都表现出了浓厚的兴趣，对那些种植以供贸易和食用的主要作物，以及其他经济和食用信息进行记录。此节所示的一些作物和画作仅仅是她关于这一主题的绘画和文字的一瞥。

水稻

"水稻[①]……如今在气候温暖的国家栽培非常普遍，且与其他谷物相比，以水稻为主食的人群更多。在印度和中国的一些地

---
① 学名为 *Oryza sativa*，为禾本科植物。

方，水稻几乎是众多百姓的唯一粮食。"

这段话至今仍然像玛丽安娜的时代一样真实。每年水稻产量超过 7 亿吨，作为粮食供应占比大大高于其他谷类。在亚洲，稻米是主要的粮食，平均每人每年要消费 80 千克以上。水稻在热带中南美洲和非洲南部的一些区域也是一种主要的谷物。经过精制的白米几乎只含有淀粉，但所有的糙米（带有完整的麸皮）则是一种更有营养的谷物，比它的白色部位含有更丰富的纤维素、油脂、维生素和矿物质。

水稻遍布在热带降雨量高的地区，通常是栽植于被称为水田的水淹地里。在插秧之前，通常用驯养的水牛开垦，翻耕稻田。水牛的粪便有助于土壤增肥，使土壤更肥沃。

左页图　633号作品：爪哇万隆附近，水稻收割。玛丽安娜记述道：工作中的水牛，虽然通常有点儿野蛮，但对一起工作的男孩儿不离不弃。她写道，据说水牛甚至能保护男孩儿免受野兽的攻击。

177号作品：克利夫顿山（Clifton Mount）的咖啡种植园，与跨越牙买加国境的蓝山。如今，全球质量最好、最昂贵的咖啡中有一部分是来自牙买加的蓝山。

咖啡

"对面就是传说中的蓝山（Blue Mountain）……那里有一座很大的咖啡种植园。在前面的山坡上，这种灌木丛绵延数英里——全被修剪了树冠，高约 4 英尺（约 1.2 米），开满了花，结满了各色浆果。这似乎是一种生长节律不规则的灌木，其浆果不能在同一时间内成熟，因此当地人只好顺应此规律而频繁采摘。"

咖啡不只是一种提神饮品，全世界大约有 1 亿人依赖咖啡生存，使得咖啡成为全球最重要的经济作物，也是经济价值仅次于石油的国际第二大商品。

咖啡类植物有 103 个不同的种类，自然分布于非洲大陆、马达加斯加岛、科摩罗群岛（Comoros）、毛里求斯群岛和留尼汪岛（Reunion）。主要的商品化种类是小果咖啡（*Coffea arabica*）和中果咖啡（*C. canephora*），由此生产出阿拉比卡（arabica）咖啡和罗布斯塔（robusta）咖啡。阿拉比卡咖啡被认为是最柔和的咖啡，而罗布斯塔咖啡则味道更加浓烈，并含更多的咖啡因。大多数速溶咖啡是二者的混合物。第三个种类，是大果咖啡（*C. liberica*），也已经商业化种植，但种植规模远不如前两种咖啡。阿拉比卡咖啡通常种植于高山种植园，如同玛丽安娜·诺斯在 177 号作品（上页图）中所绘的场景。

635号作品：爪哇，霍利先生的茶厂进行茶叶干燥的场景。同一个种植园的采茶过程参见609号油画作品。

茶[1]

"我被带去参观了制茶的整个过程。这是茶文化的精髓。从采摘、干燥到包装，所有步骤都非常细致和干净。由于这些茶主要销往澳大利亚，故而在盒子上贴上了英文标签。"

如今，茶叶采摘仍然是手工操作。这是一项艰苦而低薪的工作。采茶人要采摘带叶子的嫩芽（每7到21天采摘1次）并把它们放进背在身后的筐子里。有经验的采茶人每天能采摘多达35千克的茶叶。

一般认为，饮茶的习惯起源于中国，然后扩散到邻近的国家。欧洲人在17世纪接触中国之后才开始饮茶。各国与中国建立了贸易渠道，中国成为西方世界的茶叶供应商，随之而来的是东印度公司垄断了航运。

早在1788年，约瑟夫·班克斯爵士（Sir Joseph Banks）就推荐将茶树引入印度北部种植。1834年，在东印度公司的章程改革之后，他的建议终于被采纳了，从此茶树的种子从中国传入印度，同时也打破了东印度公司的垄断。大约在那个时候，人们发现了多个阿萨姆（Assam）本地的茶树品种，并建立了种植园。在整个19世纪，茶树的种植在印度、斯里兰卡和荷属东印度群岛稳步增长。

在20世纪初，茶树被引入东非，尤其是在肯尼亚高地，茶成为重要的经济作物。但亚洲仍然是迄今为止最大的茶叶生产区，占据了全球茶叶产量的80%～90%，仅印度的产量就占到世界产量的近30%，高于其他各国。[2]

---

[1] 茶，中文名又常称茶树，学名为 *Camellia sinensis*，为山茶科植物。
[2] 据中国国家统计局发布的数据显示，2022年中国茶叶产量为335万吨，居世界第一。

蔗糖①

"甘蔗在这里（牙买加）生长得极好，种植间隔足够宽，以便能在行列间耕作。这些甘蔗通常高达14英尺（约4.3米），收割时50至80根被扎成1捆。老鼠是甘蔗的天敌，它们啃食甘蔗贴近地面的部位，导致甘蔗倒伏和死亡。为此，人们提出奖励政策，消灭1只老鼠奖励1便士，通常1周能消灭1千只老鼠。"

甘蔗（sugar cane）在190多个具备亚热带环境的和热带国家都能生长，巴西和印度的种植量最大。蔗糖生产的历史与奴隶贸易和奴隶劳动有紧密的联系。到18世纪中叶，英国的船只一年要运输大约5万名奴隶，并且，包括蔗糖在内的贸易成果，成了利物浦和布里斯托尔（Bristol）的经济核心。英国1833年通过的《废除奴隶制法案》（The

① 学名为 *Saccharum officinarum*，为禾本科植物。

上　45号作品：巴西米纳斯吉拉斯州（Minas Geraes），甘蔗收割。甘蔗在种植11~14个月后可以收获。它的茎秆通常经手工切割之后捆在一起，与玛丽安娜·诺斯画中描绘的场景相同。

下　135号作品：一段甘蔗。

Abolition of Slavery Act）开始推动
奴隶制的废除，但进展缓慢。40 年
后在回忆巴西时，玛丽安娜特意写
道："在里约热内卢，几乎所有不
体面的工作都是由奴隶去做，有的
是为他们的主人工作，有的是被主
人派出去工作。"

　　如今，在巴西，为了发展生物
燃料产业，土地被大面积用于甘蔗
种植。在多数情况下，这样做是以
牺牲生物多样性和生境丰富性为代
价的。邱园的工作人员与巴西同行
已经合作了 30 多年，致力于为科学
研究和保护活动提供支持，特别是
在较干旱的东北部区域。

香料

　　本页的两幅画作仅是玛丽安娜
所绘的香料植物中的两个例子，其
他香料植物，如丁香，则在香草植
物的 611 号和 688 号作品中有展示。

　　肉豆蔻[①]（nutmeg）是印度尼西
亚马鲁古群岛（Molucca Islands）
的本土植物，该地因此以"香料群

上　613号作品：胡椒树的叶、花和果实。"白胡椒和黑胡椒来自同种植物，黑胡椒是完好无缺的成熟果实，而白胡椒也是同一种果实，只是外皮脱落了。"（《诺斯画廊官方手册》）。

下　119号作品：牙买加，肉豆蔻树的叶、花和果以及峰鸟。《诺斯画廊官方手册》说明：这种果实的外皮起到了完美的保鲜作用。在格林纳达，这种黄色的果实被制成一种名为"Morne Delice"的果酱，这一传统延续至今。

----
① 学名为 *Myristica fragrans*，为肉豆蔻科植物。

岛"（Spice Islands）而著称。尽管英国人曾试图夺取该群岛的控制权，但直到19世纪初荷兰人一直控制着肉豆蔻的贸易。肉豆蔻的价格很高。为了防止法国人或英国人获得种子以移种肉豆蔻，荷兰人在销售之前要把整个肉豆蔻浸渍在石灰中以防止萌芽。然而，1817年以后，英国人还是设法把肉豆蔻移种到了新加坡、格林纳达（Greenada）和其他殖民地。虽然在2004年，飓风"伊万"（Hurricane Ivan）袭击了格林纳达，导致其香料产业遭受重创，但如今全球大部分肉豆蔻仍产自该岛。飓风"伊万"成片成片地摧毁了肉豆蔻树，使得岛上90%的房屋被毁坏，但随着新栽树木的长大，这个产业有望得到恢复。

胡椒①（pepper），是全球最重要的香料之一，原产于印度南部，在约4 000年前被人类栽培。在中世纪的欧洲，它通常被用于肉类调味和保鲜。胡椒的价值极高，甚至曾被接纳为"货币"，用于支付税金和租金，这便是"胡椒租金（peppercorn rent）"②这一名词的来历。

黑胡椒、白胡椒和绿胡椒都来源于同一种植物——胡椒，只是果实采摘时的成熟程度不同而已。黑胡椒，是在果实完全长成，但仍呈绿色、有光泽时采收的；白胡椒，是采收期更迟一些的果实，此时果实更加成熟一些；绿胡椒，则是由未成熟的果实制成的。不过，一种被普遍当作"粉红胡椒"（pink peppercorn）销售的香料则不是来源于胡椒类植物，而是另外一种完全无关的树种。

---

① 学名为 *Piper nigrum*，为胡椒科植物。
② 在英语中意指极低的租金，租客只是象征性地交付而已。

巴西

1872 年 8 月，玛丽安娜再次出行，这次是前往巴西。在到达里约热内卢后，她很快在一所通风的大房子里住下，在这里，她可以饱览海湾和周围大山的美景。她每天都去植物园，感觉是一种"永恒"的乐趣，如同回到家似的。在著名的皇家棕榈大道，玛丽安娜创作了这个植物园数幅画作中的第一幅。

在一次前往科科瓦多山（Corcovado Mountains）[①]的探险活动中，玛丽安娜遇到了戈登（Gordon）先生和他的女儿，他们邀请玛丽安娜一起去米纳斯吉拉斯州（Minas Geraes）待一段时间。玛丽安娜接受了他们的邀请，并承诺住上一两周，但最终她在那里住了长达 8 个月！这事打一开始就非常冒险。前往米纳斯吉拉斯的旅程有一部分是在骡背上度过的，而且天气也非常糟糕。玛丽安娜骑着米达——"一匹最稳重、最精明的骡子"，泥浆经常没过骡子的膝盖。他们遇到的许多旅行者都认为他们应当放弃这次旅行，因为他们根本不可能完成。

63号作品：巴西，博塔福戈（Botafogo）棕榈大道。这是玛丽安娜在这个植物园数幅习作中的第一幅作品。

① 即耶稣山，又名驼背山、基督山。山顶有世界著名的里约热内卢基督像。

但是，他们克服了风暴、泥石流和疾病，最终完成了这次旅行，到达了莫罗韦尔赫（Morro Welho）。在安全到达后，玛丽安娜回忆说，这次旅行唯一的缺憾就是"起泡的嘴唇和晒黑的双手"。

玛丽安娜与戈登全家一起前往科利韦尔赫岩洞（Caves of Corvelho）。一群人在"最简陋的住处"——泥浆地上——度过了他们旅行露营的第一个夜晚。在他们刚抵达目的地时，这个小镇看起来枯燥无聊、毫无魅力。直到他们进入岩洞，玛丽安娜才明白完全不是那么回事："入口处略似仙境，体积巨大的钟乳石从地面竖起来，或者从洞顶悬挂下来，泛着柔和的蓝色、绿色和乳白色。"

7月，玛丽安娜最终与戈登一家告别，离开了米纳斯吉拉斯。接下来她又安排了两次到里约热内卢的旅行，主要是为了面见巴西帝国皇帝，递呈一封她父亲的朋友爱德华·赛宾（Edward Sabine）爵士为她写的介绍信。玛丽安娜与皇帝和皇后相处得十分融洽。但是，她却一点儿也不能接受彼得罗波利斯（Petropolis）①这个城市——这里"满是懒散的人和流言蜚语"。她遇见的一些人也不赞成她独自在荒野漫步，这让她感到拘束和不适。虽然如此，她还是下定了决心，不到奥根山（Organ Mountains）就决不离开巴西。有人劝她不要去那里，告诉她去那里既困难又危险。但是凭借着其一贯的果敢作风，玛丽安娜说去就去，而且因为这次尝试而获得了丰厚的回报："这是一个画家可以待上一辈子的地方。这算没作画吗？我四处游走，惊叹于所见到的一切。"她回忆道，自己很难在第二天就离开，但最终她成功说服了自己。几天后，她乘上了一艘开往英国南安普敦（Southampton）的轮船。

① 巴西帝国皇帝的避暑地、富饶的农业区中心。

100号作品：另一类龙牙花①的花朵。

右页图 69号作品：巴西，卡萨布兰卡（Casa Branca）的野花。这幅画的灵感很可能来自去卡萨布兰卡的骑行旅程。在这次旅行中，玛丽安娜记录下了所看到的许多新奇美丽的花朵。

————

① 为豆科刺桐属（*Erythrina*）某种类。

特内里费岛

在 1874 年那个不寻常的寒冷冬季，玛丽安娜决定"追随太阳去特内里费岛"，并于 1875 年元旦这天乘上了从利物浦出发的轮船，13 天后在圣克鲁兹（Santa Cruz）登陆。玛丽安娜读过亚历山大·冯·洪堡①对特内里费山峰的描述，她失望地发现原有的自然林全都被清除了，取而代之的是难看的仙人掌梯田，其中有一些看起来像"长着谷物的白色纸面包袋"。近距离观察才发现，它们是用来将胭脂虫固定在仙人掌上进行养殖的。在玛丽安娜参观特内里费岛的那个时期，岛上仍然以胭脂虫红染料生产为经济支柱，虽然这一产业很快会随着合成染料的发明而改变。实际上，玛丽安娜亲眼看到当地人将有胭脂虫的仙人掌拔除，改种烟草作物。她还注意到，胭脂虫红染料产业导致岛上的原生树木遭到破坏，而且即使该产业如今已近消亡，这些树木也无法再得到恢复。

玛丽安娜一如既往地带着一封可靠的介绍信前往特内里费。这封信是带给特内里费植物园（正式英文名为 La Orotava Acclimatisation Garden，拉奥罗塔瓦培育园）管理人的，以便玛丽安娜能在这个园子里画画，并请管理人提供游览服务。

当地的龙血树引起了玛丽安娜特别的兴趣。1867 年，即在玛丽安娜来此绘画的前几年，有一株著名的树龄号称超过 4 000 年的龙血树（后确认有误）因飓风而受损。尽管如此，她还是找到了很多这种植物的其他植株用来作画。在回忆录中，玛丽安娜特别提到了这种树特有的气生根，并描述了这些气生根是如何逐渐在树表扩散，

---

① 亚历山大·冯·洪堡（Alexander von Humboldt, 1769—1859），德国科学家，近代地理学的主要创建人之一。

上　522号作品：特内里费岛，圣克鲁兹的胭脂虫养殖园
（Cochineal　Gardens）景观。"妇女们正在拆开将新孵
化的昆虫固定到仙人掌植株上的布条。这些昆虫被裹住几
天后会附着在植物上，不再需要破布。为了获得深红色染
料，这种胭脂虫在巴西、墨西哥和加那利群岛均有大量养
殖。"（《诺斯画廊官方手册》）

下　814号作品：特内里费岛，植物园内的景观。

506号作品：特内里费岛的奥罗塔瓦（Orotava），龙血树。"龙树，或者更准确地说——龙血树①（*Dracaena draco*），是特内里费岛的本土树种，也是博物学年鉴中最著名的树种之一。"（《诺斯画廊官方手册》）

507号作品：特内里费岛，一棵龙血树上簇生的气生根。"这些粗壮的气生根逐渐向地面生长，覆盖了整个树干，被"龙血"采集人划开并砍断。"（《诺斯画廊官方手册》）

直至完全覆盖这棵可怜的树干。这种树可以持续"流血"，产生被称为"龙血"的染料。多年来，这种树脂被用于各种用途，包括防腐剂、药物［在杰拉德（Gerard，1633年）和帕金森（Parkinson，1640年）的草药志中曾有描述］、一种血红色的绘画颜料，以及小提琴上用的树脂。属名"*Dracaena*"来源于希腊语，意为"雌性的龙"。曾有传闻，这种树脂的确是龙的血液。这一传闻持续了数个世纪。

　　玛丽安娜在特内里费岛度过了一段愉快的时光。她坦言自己从来不缺少有趣的绘画对象，并且"过着最完美的安宁幸福的生活"。在平安度过寒冷的冬天后，她于4月离开特内里费岛，并于5月回到英格兰的家中。

———
① 龙舌兰科龙血树属种类。

极其重要的棕榈类植物

棕榈类植物（palms）能为人类生活提供大量的基本必需品，从食物、木材、药物，直至书写材料，在经济上极其重要。玛丽安娜在旅途中了解到了棕榈类植物的许多当地用途，有些一直沿用至今。她在回忆录以及《诺斯画廊官方手册》中对此都有过引人入胜的描述。自从玛丽安娜广游博览的那个世纪以来，工业规模呈指数级增长。如今，许多野生棕榈类林地被过度开发，导致有些种类濒临灭绝。

椰子

> "毫无疑问，它在任何气候带[①]都是栽培最广泛的树种……
> 对芸芸众生，其重要性几乎让人难以想象。"

这段描述来自《诺斯画廊官方手册》，如今仍然像当初一样符合实际。椰子[②]（coconut）的众多用途使它在某些时期被称为"生命之树"。在印度教传统中，它象征着实用、奉献、丰盛和慷慨。它的果实、木材和叶片都有多种用途：果实为人类提供了食物、饮料、油脂、药物和纤维；木材可用于建造房屋和船舶；叶片可用于制造衣物、坐垫、篮筐，以及覆盖屋顶的材料。在"邱园经济植物藏品"展览中，展现了椰子制品的众多用途，从用椰子壳制成的汤匙，到用叶制成的垫子，以及用木材制成的手杖等，种类繁多。

椰子在收获后须经过干燥和脱壳。用短柄小刀将果壳劈开，取出白色的果肉。果肉加工成产品，如椰蓉和椰奶；椰油是从干燥的果肉（也

---

① 主要在热带地区。
② 学名为 *Cocos nucifera*。

183号作品：椰子树习作。远处是甘蔗种植园。

156号作品：椰子树的花序和成熟坚果。在《诺斯画廊官方手册》中，玛丽安娜记录道："椰子树（*Cocos nucifera*）的花序是一种具分支的肉穗花序，开满无数的花，但只有少数是雌花，可以结果，其他的花都是雄花，只有雄蕊。"

称为椰仁干）中提炼出来的，通常用于生产化妆品；纤维用于制作绳索和垫子等；椰壳可制作成各类器皿。

人们认为椰子树起源于西太平洋，通过人类和洋流的作用扩散到了大部分热带地区。目前，印度是全球最重要的椰子生产国，每年的椰果产量达到 130 亿个，领先于菲律宾和印度尼西亚等其他主要生产国。全球每年的椰果产量达到 540 亿个。[①]

水椰

> "在亚洲东部热带地区，这种外观看起来有点儿不寻常的棕榈树在泥泞的河口和潮汐带非常普遍。它是婆罗洲达雅克人（Dyaks）所种植物中最有价值的一种。"

水椰（nipa palm，学名 *Nypa fruticans*），通常被称为聂帕棕榈树（nipa，也拼写为 nypa 或 nipah），因其能在红树林中良好生长，故而在棕榈树丛中比较少见。只要潮汐能让漂浮的种子沉积下来，该种也可在内陆生长，在印度洋和太平洋的海岸及河口处很常见。它的果实聚成一个大球，成熟后分裂成许多单个的小果。

玛丽安娜·诺斯写道：水椰的叶柄是制作地板、坐垫和屋顶的原材料，并一直沿用至今。这类屋顶盖草在马来亚（Malaya）[②]被称为"亚答"（attap），在菲律宾被称为"聂帕"（nipa）。还有一个延续至今的用途是用其嫩叶作卷烟纸。另外，在水椰上切口收集的树液可供饮用，煮沸后可制糖，也可发酵后酿酒，或进一步发酵制成一种食用醋。

---

① 根据联合国粮食及农业组织（FAO）统计数据，印度尼西亚 2022 年椰子产量约 1712.86 万吨，居世界第一位。
② 马来亚（Malaya），是马来西亚联邦西部土地（即位于马来半岛的部分）的旧称，又称西马来西亚，简称"西马"。

左 583号作品：新加坡，槟榔，或槟棕榈。 这种棕榈的种子被切成片，卷在胡椒叶子里，与石灰一起咀嚼。这种风俗在亚洲热带地区非常流行，人们为获取其种子而广泛种植这种树木。第310号作品（见下页）呈现了其坚果和胡椒的叶片。

右 589号作品：婆罗洲，水椰。 这幅画的前景是按原尺寸描绘的花序，花序后面有一部分叶片，背景中可见一株正在生长的果期植株。

槟榔果

  "这种棕榈在亚洲热带地区广泛种植，以求获取它的种子。人们把种子切成薄片，用胡椒属植物[①]的叶子卷起来，与石灰一起咀嚼。"

  槟榔[②]（betel）的准确来源并不清楚，不过，很可能在东南亚范围内，如菲律宾或马来西亚。在史前时代，人类把它们带到了印度次大陆。如今，这种树只有种

① 是指卡瓦胡椒（*Piper methysticum*）。
② 学名为 *Areca catechu*。

植区的人知道。它既是经济作物，也常是乡村中的观赏植物。

　　槟榔的果实可能是东南亚最古老的咀嚼类兴奋剂。在考古挖掘中发现了用于包裹坚果切片的树叶残骸，可以追溯至公元前 6 000 年左右。这说明，从那时开始就可能食用槟榔果了。

　　咀嚼槟榔果有刺激大脑以集中注意力的作用，可使人产生愉悦感，而且可帮助人长时间抵御饥饿。《诺斯画廊官方手册》中阐述：“当地人做这事简直是上瘾，他们宁可不吃肉、不喝酒，也要槟榔嚼在口。”

　　在特殊的宗教仪式和庆典活动中也会用到槟榔果。咀嚼槟榔果常使牙齿变黑，使唾液变红。与这个咀嚼过程有关的两种植物——槟榔果和包裹它的蒌叶胡椒^①叶片，均见于 310 号画作中。蒌叶胡椒与我们用作调味品的黑胡椒有关，也与另一类

310号作品：蒌叶胡椒的叶片和槟榔坚果。

36号作品：巴西，欧鲁普雷图（Ouro Prêto）^②附近的油棕树景观。这幅画的左边还呈现出一棵番木瓜树，中间和右边还有仙人掌类植物。

---

① 中文名蒌叶，隶属胡椒科胡椒属，拉丁名 *Piper betle* L.。
② 也称黑金城，因金矿中含金属钯，使金矿表面呈黑色而得名。

的胡椒①有关，后者用于生产"卡瓦"（kava）—— 一种在大洋洲广泛使用的精神刺激物。

油棕

非洲的油棕（oil palm，学名 *Elaeis guineensis*）是热带地区产油量最高的植物，从全世界范围来看，其产油量仅次于大豆。棕榈油是从它的果实中压榨出来的，而棕仁油则是从它的种子里压榨出来的。棕榈油在食品加工过程中应用广泛，包括：煎炸油、人造奶油、零食小吃和咖啡增白剂，还可用在润滑油、蜡烛和肥皂中，也被广泛用作食用油。

人工种植油棕是为了商业用途，其中大部分产自东南亚。1990 年的出口量近 800 万吨。

油棕是一种很高的树，高达 30 米，并且存活可达 200 年。它产于西非比较湿润的区域，在雨林边缘，沿河岸生长。现在，油棕在旧世界和新世界②的许多国家都能种植，不过更适宜在靠近赤道且降雨量较大的低海拔区域生长。

枣椰

"……枣椰③（date palm）是一种重要的沙漠生棕榈类植物，在没有降雨的地方可茁壮生长，在没有其他食物产出的地方可作为一种营养丰富的食物。"

玛丽安娜与其父亲和妹妹凯瑟琳一起访问过埃及，这为她最盛时期的旅行作了铺垫。他们访问了黎巴嫩和叙利亚，然后穿越埃及，在尼罗河上

---

① 是指卡瓦胡椒。
② 旧世界泛指亚、非、欧三大洲，与之对应的新世界则泛指整个美洲。
③ 中文名又称海枣，学名为 *Phoenix dactylifera*。

360号作品：埃及，菲莱岛（Philae）上尼罗河水域旁的埃及棕榈（doum palm）和枣椰（date palm）。画的左边是埃及棕榈，右边是枣椰。

航行，度过了冬天。本页的这幅画作在诺斯画廊的南非区展出。

　　枣椰于 8 000 年前在古巴比伦时期就已有种植，其野生近缘种在旧世界的干旱区域仍有分布。枣椰是一种雌雄异株的植物，只有附近有雄株时，花粉随风飘散，雌株才能结实。

　　枣椰的价值很高，其木材可用于建筑，叶可作屋顶、燃料，纤维可制绳和粗织物。枣椰的叶还用在与棕枝主日（Palm Sunday）有关的宗教仪式上。最有价值的是它的果实——椰枣。椰枣是许多生活在阿拉伯世界半干旱地区老百姓的主食。在他们的传统饮食中，将椰枣与牛奶一起食用，其中椰枣可以补充人体所需的碳水化合物及纤维素，牛奶则能够提供脂肪和蛋白质。

日本

　　花费 3 周时间从加利福尼亚穿越太平洋之后，玛丽安娜最终于 1875 年 11 月 7 日抵达日本。她待在日本的时间比她预期的要短，原因是胆结石发作，且并发了严重的风湿热。玛丽安娜参观了横滨、神户、大阪和京都，并在 1876 年 1 月初再次启程，前往温暖的赤道地区和新加坡。

　　在玛丽安娜参观访问的那段时间，日本正处于大变革时期。1853 年，日本的闭关锁国政策被打破，包括大不列颠在内的 5 个西方强国迫使日本签订了不平等条约（《安政条约》）。闭关锁国政策曾保护了日本免受外来文化和宗教的影响。玛丽安娜发现日本的种种事物都与她到过的其他地方有很大差异。在她到访的这一时期，日本部分地区的官方仍然限制外国人进入。因此，在前往京都写生之前，玛丽安娜必须获得一份天皇颁发的限时特许令，并且承诺不在公共历史遗迹上涂鸦或企图改变人们的信仰。

　　玛丽安娜在日本时很快乐，从她的绘画主题可以看出她对日本的寺庙特别感兴趣。她记载道，神道教的寺庙是红色的，到处都是神像。佛教寺庙有很多等级，其中最高等级的寺庙"展现了一种非常合理的宗教信仰"。鉴于玛丽安娜对宗教信仰的朴素看法，这的确是一种高度赞扬。她用一种不大协调的笔法记录道，在神户的寺庙中曾看到一匹神马（见画廊 652 号绘画作品）："这匹马候立于此，以备天神下界时骑乘……另一匹喂得饱饱的马，被关在附近的马棚里，时刻准备着，以防万一神马死去，便可随时接替，不能让骑马的天神失望。"

　　玛丽安娜乘坐着奇特且相当令人不安的日式黄包车到处转悠。她享受着这些风景和见闻，包括日本茶屋、微型花园、富饶的耕地和漂亮整洁的

上 658号作品：日本，紫藤花和富士山远景。富士山是玛丽安娜对日本的第一印象。从这幅由紫丁香色的紫藤为框架所衬托的画作中，可以看出她喜欢起伏的海岸线和清澈的蔚蓝色海水。在日本，紫藤花数百年来一直被画在和服上，富士博物馆的形象紫藤少女，至今仍在美术和舞蹈作品中经常出现。日本各地的城市在暮春时节都要举行日本富士藤祭，庆祝这些迷人的花朵应时盛开。

中 657号作品：日本，晨雾中京都城的景色。这幅画作的取景点就在玛丽安娜的房间外。值得一提的是，这个房间是典型的日式住房：有着纸糊的门窗和很多扇推拉门。尽管这种建筑"通风十足"，但精致的景色还是让玛丽安娜觉得住在这里很是值得。

下 在玛丽安娜旅行的过程中，她碰到了许多新颖独特的交通方式，其中比较特别的一种是日式"黄包车（Jinricksha）"。据玛丽安娜说，这是"一种适合于成年人的童车，外面画满了神奇的历史人物和龙"，车夫迈着"远快于英国马车"的步伐拉着这些奇妙的装置。曾经有一次，这样快的速度几乎让玛丽安娜遭了大罪："他全速奔驰进了城区，绕着街角飞跑，并且像野兽一样叫喊着，后来如同纸牌似地翻了车，也将我摔倒在街角。我碰在了房子的墙上，把颅骨碰裂了。"

651号作品：**日本，京都西本愿寺内的花园**。在回忆录中，玛丽安娜写道：这座寺庙是由一群"改良派佛教徒"管理的，他们容许寺庙里没有神像，僧侣可以结婚、喝酒。寺中"最有魅力"、说着流利英语的和尚曾在英国待过两年。

654号作品：日本，京都的知恩院大钟。 在京都，玛丽安娜住所后面的小山上遍布寺庙、坟墓和大钟。这幅图中所画的大钟高近18英尺（约5.5米）。当人们心怀"皈依"之念时，他们可以自由敲钟。在回忆录中，玛丽安娜说道："在所有的深夜里，这些虔诚的撞钟声似乎摄心神，但并未改善住在这座遍布寺庙的山上其他人的睡眠。"

房子。没有什么能比得上她在京都度过的这段时光。在这儿她能够平静地生活在日本百姓中间，远离了欧洲殖民地的社会骚乱。

　　显然，在准备离开日本时玛丽安娜还没待够，但因为身体越来越虚弱，她只好离开。她写道："我期望能待在这里度过冬天，到夏天时能去爬山，游览日光山（Nikko）。但我的身体越来越僵硬疼痛，最后连缓行都很勉强。"她从京都回到横滨，经过10天的调养后，登上了一艘开往新加坡的蒸汽轮船。

新加坡

1876 年 1 月 19 日，玛丽安娜到达新加坡。在身体如此虚弱的情况下，她只能步履蹒跚地来到下榻的旅馆。尽管身患致残性的风湿病，但她对周围的环境还是很满意："那温暖的空气是多么芬芳，伴随着明媚的蓝天、淡紫色的阴影和白色的光线。"随即，玛丽安娜开始着手创作她在此的第一幅作品——一棵长在她窗前的正处果期的面包树。

不久以后，玛丽安娜就从旅馆里搬出来和朋友一起住了。她们的花园里栽有许多令人惊奇的果树，包括山竹和榴梿（见本书 73—77 页）。在这里，她也喜欢和这家养的宠物猴玩耍，尽管每当玛丽安娜想要给它画像时，它总是"恶作剧似地"自个儿玩起了倒立。

玛丽安娜被新加坡植物园所吸引，对植物园后面的原始森林更感兴趣。她回忆起在这儿发现野生猪笼草时欢呼雀跃的情景。玛丽安娜注意到，人们为了观赏而栽培了许多稀有植物：各种兰花、芋和睡莲，包括王莲（*Victoria regia*）①和红睡莲。但她对当地人习惯性地把植物修剪成人形的做法持有异议，觉得这种做法荒谬，而且"非常令人不快"。

两个星期后，玛丽安娜搬到了总督府，与威廉（William）爵士和杰维斯（Jervois）女士住在一起。这所房子位于该区域内最高山丘的山顶上，能够俯视新加坡城和绵延数英里的林地。在这里，她讨来一支盛开着鲜红色花朵的凤凰木（*Poinciana regia*）②，但错误地把它倒挂起来画。在她的日记中她责备自己犯了这样的错误。然而，在获悉荷兰花卉画家范·诺顿（van Nooten）夫人竟然也发表了

---

① 是亚马孙王莲（*Victoria amazonica*）的俗称。
② 豆科凤凰木属，拉丁名已修订为 *Delonix regia* (Boj.) Raf。

580号作品：新加坡，雷特博士花园的景观。这幅画的前景是一棵红椰子树
（*Cyrtostachys renda*）和一棵酒椰（*Raphia vinifera*）。

544号作品：新加坡，阳桃的花、果实，以及蝴蝶。称为星果的阳桃在西方并未被广泛食用，虽然有时横切后可作为一种可食用、有装饰性的饰果。在热带地区，人们更常在咸的和甜的菜肴中食用阳桃。据玛丽安娜说，这种水果能做出非常美味的馅饼。

594号作品：新加坡，华贵璎珞木（*Amherstia nobilis*）的叶片和花。在得到华贵璎珞木的一根枝条后，当时的邱园园长威廉·胡克爵士激发了年轻的玛丽安娜参观热带地区的欲望。这种植物在她与亚瑟·伯内尔的首次交谈中再次出现，当时后者断然反驳了玛丽安娜认为这种植物是印度教圣物的观点。实际上，这种植物对于佛教徒才是神圣的，人们在佛像前会献上一把华贵璎珞木。

343号作品：新加坡，马达加斯加树（凤凰木）的叶片和花。玛丽安娜非常喜欢凤凰木的美丽，她写道："没有任何事物能比这棵树更艳丽了，金合欢样的叶片所特有的嫩绿色为它的鲜红色调增了彩。"画中远处的那棵树也是同一树种。

一幅有着方向错误的凤凰木的画作后，她感到了一丝安慰。与玛丽安娜参观其他殖民地时一样，她倍感失望，因为许多英国人对周围奇妙的环境缺乏兴趣。对此，她作出了这样的评论："在新加坡，草地网球和槌球风头最盛。在工作之余，人们几乎不会有其他活动。"两周以后，在总督府，威廉爵士为玛丽安娜写了一封介绍信，将她引介给沙捞越州的王公（Rajah）和王妃（Rani）。于是，玛丽安娜登上了一艘开往沙捞越的蒸汽轮船，并适当地放缓了她的旅行计划。

神奇的果实

　　玛丽安娜一路游历。旅途中，她会用绘画和文字记录所遇到的许多美味水果，有野生的，也有种植的。她曾经打算在其画廊的檐口，为自己画过的所有水果做一个索引。由此可见它们的重要性。

　　如今，在一年中的大部分时间里，香蕉、菠萝、杧果、鳄梨和百香果等水果在英国超市里都很容易买到。与画廊早期的观众见到画作中这些水果的情形相比，其中一些现在看来已经不那么陌生了。然而，还是有一部分仍然和 19 世纪末呈现在人们面前时一样，显得稀有而神秘。

阿开木果

　　阿开木（akee，也拼写为 ackee）的学名为 *Blighia sapida*，又名西非荔枝、咸鱼果，是无患子科咸鱼果属乔木。属名 *Blighia* 是为了纪念那位激起过哗变事件（详情见本书 76 页相关内容）的皇家海军舰艇"慷慨号"（HMS Bounty）船长威廉·布莱（William Bligh）。布莱曾在 1778 年用一艘名为"阿开号"（Akee）的船将这个树种引入牙买加。尽管阿开木是从西印度群岛（West Indies）引进而非本土原生的一种水果，但它已被牙买加作为"国果"。牙买加人通常会将其和咸鱼一起烹饪食用。

　　阿开木果成熟时会裂开，露出奶油般的可食用假种皮。必须提及的是，这种果实必须要等到完全成熟后才能食用。未成熟的果实中含有一种有毒化合物，含量达到一定程度，会引起急性呕吐、嗜睡、

137号作品：牙买加，阿开木的枝条和果。玛丽安娜在回忆录中写道，她在牙买加遇到的一系列"奇特而美味"的菜肴中，有一道便是油炸阿开木果。

333号作品：新加坡，波罗蜜果。对于在巴西看到波罗蜜果，玛丽安娜这样描述道："像南瓜一样的巨大果实牢牢地悬挂在粗糙的树干上。"超大的果实给这幅画带来了一种稍显怪异和超现实的感觉。

抽搐等中毒症状，甚至会导致死亡。正因如此，过去 27 年，美国一直禁止进口这种水果，但现在已允许以罐头的形式进口。阿开木黑色的种子也有毒，在其原产地西非，人们会利用其种子燃烧后的灰烬制作肥皂。

波罗蜜

　　波罗蜜（Jack fruit），学名为 *Artocarpus heterophyllus*，是桑科波罗蜜属种类。这种水果的个头非常大，有资料显示，能长到 25 千克重、90 厘米长、50 厘米宽。这种树主要生长于印度各地、东南亚、非洲的部分地区以及巴西。在巴西，人们称其为"jaca"。果实幼嫩时可将果肉煮熟食用，通常是放在咖喱中；完全成熟后也可以生吃，只是成熟时的香气对某些人来说不悦，宁愿拒之百米之外！玛丽安娜写道：它是当地人最喜欢的食物，其中像奶油冻一样的果肉可以生吃，种子烤熟后可作小零食，或者加入咖喱中代替小扁豆。波罗蜜中膳食纤维含量很高，而且富含维生素和矿物质，包括维生素 B_6、烟酸、核黄素和叶酸。

榴梿[①]

虽然有许多人听说过这种水果，但在西方你很难找到，这是因为它那可怕的气味。在西方，榴梿（durian）被认为是"尝起来像天堂，闻起来像地狱"。它的臭味非常强烈，以至于许多酒店、航空公司，甚至新加坡的地铁上都明令禁止携带这种水果。对于这种臭味，有各种各样的形容，有人把它比作"发霉的奶酪""大蒜"或"脏臭的运动袜"。

对这种水果的味道也有多种描述。在阿尔弗雷德·拉塞尔·华莱士（Alfred Russel Wallace）所著的《马来群岛》（*The Malay Archipelago*）一书中，他称榴梿的质地和味道为"难以描述"，不过华莱士还是尽了最大努力描述道："像黄油一样浓郁的奶油冻质地，伴有杏仁的浓香味道——给人的总体印象大概如此，但阵阵飘来的香气中，又混合着其他多种气味，让人联想起奶油奶酪、洋葱酱、棕色雪利酒和其他不搭调的东西。"亨利·穆霍特（Henri Mouhot）则更直白，他在日志中写道："初尝时，我觉得它就像正在腐烂的某种动物的肉。"玛丽安娜显然适应性更强，她写道，在新加坡的英国儿童称之为"亲爱的榴梿"。在他们的影响下，她很快就喜欢上了这种水果。

---

① 学名为 *Durio zibethinus*，现为锦葵科榴梿属种类。

550号作品：沙捞越，从一棵大树上采下的榴梿果。玛丽安娜在回忆录中写道，马来人把榴梿视为"水果之王"，不但中意它的美味，也中意其"臭味"。她还写道，除了果肉可食之外，果实的外壳煮沸之后可以用作皮肤清洗剂，种子还可以研磨成淀粉。

面包果

面包树[①]（breadfruit）起源于波利尼西亚（Polynesia），在那里作为一种主食作物被种植，也广布于印度南部、斯里兰卡和西印度群岛。面包果是一种多功能的粮食，吃法多种多样，可以煮熟后食用，也可以生食，甜咸两宜。大多数果实是无籽的，有籽的那些就是可食用的面包果。

邱园参与了从世界各地引种经济作物的计划，并在新分布点建立分支机构，面

[①] 玛丽安娜时代的学名为 *Artocarpus altilis*，现已改名为 *A. communis*，为桑科波罗蜜属种类。

532号作品：新加坡，面包果。玛丽安娜写道：这种果实除了可作为食物外，幼树的纤维可用于制作织物，树干可制作独木舟，树液可制作胶水。

包果就是最早的例子之一。约瑟夫·班克斯（1743—1820），时任国王乔治三世的科学顾问和邱园的实际负责人，委任威廉·布莱为英国皇家海军舰艇"慷慨号"的船长（1787—1789）。他的任务是从塔希提岛（Tahiti）收集面包树，并将其带到西印度群岛。在那里它将被作为一种粮食作物进行种植。"慷慨号"哗变，是英国海运史上最臭名昭著的事件之一[①]。此事件就发生在英方首次试图将面包树引进西印度群岛的过程中。邱园园艺师戴维·尼尔森（David Nelson）就是当时被抛弃在海上的一员，几个星期后死于爪哇。令人佩服的是，布莱船长在暴乱中幸存了下来，并于1793年将面包树成功引入牙买加。

---

① 布莱船长作风强硬，副官和水手们并不喜欢他。到了塔希提岛，船员在等待期间被塔希提岛的风土人情和美景所吸引，违抗返航的命令，将布莱船长和18个忠于他的船员抛弃在海上。

其他奇妙的水果

玛丽安娜喜欢吃、画和写的水果远多于上文所及。她痛惜地说，很少有英国人能品尝到各种各样的异国美食。她特别喜欢杧果，评论说："即使类似的水果也算得上人间美味，但绝比不过杧果。"第688号画作将这种水果与印度教智慧之神画在一起。在牙买加，玛丽安娜描述了一顿美味清爽的早餐——西番莲（*Passiflora caerulea*）果肉混合着冰和糖。第37号作品就画了西番莲果及其美丽的花朵。对玛丽安娜来说，凤梨"出奇地好吃"，她极力夸赞凤梨拥有"最精致的粉色和浅橙色，以及深蓝色的花朵"。在232号画作中可以看到玛丽安娜在婆罗洲画的野凤梨。番荔枝（*Annona squamosa*）是玛丽安娜的另一个最爱，它具有光滑细腻的口感和凤梨似的味道。她说，这种水果很漂亮但极其难画，但她在275号画作中迎接了这个创作挑战。

玛丽安娜的旅行使她有机会发现了各种各样的水果，远超过如今我们在英国所熟悉的这些种类，尽管现在空运和冷藏技术都更发达了。在旅行中，玛丽安娜品尝并记录了星苹果（*Chrysophyllum cainito*）[2]、香蕉、柑橘、椰子、柿子、无花果、日本欧楂、甜瓜、樱桃、覆盆子、石榴和枇杷等。

左页图 577号作品：山竹的花和果，以及新加坡的猴子。 玛丽安娜认为山竹的果实"很可爱"。她也非常喜欢那些漂亮的花，它们有深红色的苞片和黄色的花瓣。尽管当地人告诉她这棵树不长花，玛丽安娜还是以她特有的决心，采得了一些花。后来，她发现整棵树都开满了花，可谓回报。

山竹

山竹[1]（mangosteen）是最受赞美的热带水果之一。它的起源不明，但人们认为它起源于巽他群岛（Sunda Islands）和马鲁古群岛。自古山竹在南亚和东南亚就有栽培。1855年，山竹在英国的温室中种植成功，随之被引入西印度群岛以及牙买加。但将这个树种引入夏威夷的尝试基本没成功，加利福尼亚州和佛罗里达州的试验也与之类似。

玛丽安娜描述山竹果瓣看起来就像"雪块"，"融化在嘴里，带有葡萄般的甜味"。果瓣周围的红色纤维渗漏出一种紫色的汁液，是一种很烦人的染色液体。因此山竹在一些酒店是被禁止的，尽管这种水果在这些酒店所在的国家是很常见的。

除了可以提供美味的水果外，山竹树还有其他用途。在加纳，它的细枝可用作清理牙齿的嚼棒；在中国，果皮用于鞣制皮革和生产黑色染料。中国人还会将干燥的果皮切片，再磨成粉末后做药，有抗痢疾的功效；也可制成一种软膏，用于治疗湿疹等皮肤病。

[1] 学名为 *Garcinia mangostana*，也称莽吉柿，为藤黄科藤黄属种类。
[2] 为山榄科金叶树属种类。

婆罗洲

在婆罗洲的沙捞越，玛丽安娜同沙捞越的王公和王妃住在一起。王妃很高兴有客人来打破她那单调乏味的生活。王妃名叫玛格丽特·德温特（Margaret de Windt），在年仅 20 岁时嫁给了时年 40 岁的王公查尔斯·布鲁克（Charles Brooke）。

玛丽安娜形容王妃是"一位非常俊俏的英国女士……难得有机会与乡村妇女说说话，她感觉也不错。"王公夫妇已经失去了几个孩子，只剩下一个后代——一位 18 个月大的淘气公主。国王是一位平和、果断且受到子民尊敬的男人。从王妃这里，我们终于有机会听到东道主是如何描述玛丽安娜的。王妃说玛丽安娜"又高又瘦，身材匀称，头发尚未变白，大鼻子，薄嘴唇，戴蓝色眼镜，长得不算好看"。她发现玛丽安娜精力非常充沛，但相当累人。她们之间也出现过一些摩擦，两者都自诩为植物学家、园艺家和音乐家。玛丽安娜的非传统服装，尤其是她的"未过膝的服装"似乎都引起王妃的忧虑，王妃在谈到玛丽安娜在此逗留时曾多次提到过这件事。

玛丽安娜转而去参观王公位于马坦基（Mattange）的山区农场，以此避免待在王妃身边。她回忆起王公是如何慷慨地"借给我一名厨师、一名卫兵和一名男仆，又给了我很多面包和一窝鸡"。这里景色很美，玛丽安娜很愉快，直到鸡没了，没吃完的面包也长霉了，她才又回到了王公的主城："我又下来了，我的卫兵用他的长剑刮下了粘在我身上的水蛭。"

在此期间，玛丽安娜经常乘坐独木舟，多次到危险的丛林中旅行。她津津乐道地记录着他们是如何"快速冲出数英里……以一种

上　584号作品：沙捞越，月光下特戈拉的水银山。

下　540号作品：婆罗洲沙捞越，月光下的伊斯坦纳宫。伊斯坦纳宫是王公和王妃所住王宫的称谓。

可怕的速度前进，男人们用桨和棍子巧妙地引导着我们"。从玛丽安娜的回忆录看，她更愿意乘独木舟，而不喜欢坐船旅行，因为后者会妨碍她考察植被。她表示自己非常喜欢走路，但为了不让她的随从失望，她最终还是坐了下来，让他们心满意足地把她送到住所的阳台上。

　　猪笼草是玛丽安娜在婆罗洲时的创作亮点之一。她对此有选择性地进行了采集，并将它们挂在阳台周围，以便作画。因此画作，使得苗圃主人维奇（Veitch）先生专门派了一个人来寻找这种植物的种子。这是一个新发现的物种，后来被命名为"诺斯猪笼草（*Nepenthes northiana*）"，以纪念玛丽安娜。

543号作品：婆罗洲沙捞越，古晋[1]地区的河流风景。画中偏左的这棵树被称为马达加斯加旅行者树（*Ravenala madagascariensis*）[2]。这一俗称源于它的叶柄基部具有储水能力，轻轻敲击就能让人喝个痛快。

① 马来西亚沙捞越州首府。
② 中文名为旅人蕉，芭蕉科旅人蕉属种类。

570号作品：婆罗洲沙捞越，其他种类的猪笼草。

598号作品：鹿角蕨（*Platycerium sp.*）、沙捞越年幼的公主和华人随从。此图中，由随从相伴的年幼继承人是王公和王妃唯一幸存的后代。

非凡的猪笼草

　　猪笼草有各种各样的种类，无一不令人惊奇。某些种类在植株的底部形成"笼子"，另一些种类的"笼子"则在顶部，甚至在同一种植物中"笼子"也有多样的表现。"笼子"的大小和颜色也极其多样。婆罗洲的马来王猪笼草（*Nepenthes rajah*）是其中"笼子"最大的一种，据说它的"笼子"可以装下3.5升水。也有传闻称老鼠和其他小型哺乳动物会淹死在里面！

爪哇

玛丽安娜乘坐舒适的邮船从婆罗洲航行至爪哇岛，在船上她被船长饲养的聪明猴子杰科逗得开心不已。这艘船上唯一的英国人是伯内尔博士，一位有名的印度裔学者，他与玛丽安娜建立了亲密的友情。

爪哇的天然美景以及当地民众的习俗和天性给玛丽安娜留下了深刻印象。她把这个群岛形容为"一座宏伟的繁茂花园，超越了巴西、牙买加和沙捞越所有的风光，在这里有最壮观的火山拔地而起。"她认为当地人都有"一种快乐、独立的面貌，这在印度是看不到的"。她也欣赏人们穿着靓丽服饰，戴着印度围巾。她本人则更愿意选择统治此地的荷兰人那种更为宽松的着装方式，能让男士和女士都可以在凉爽的夜风中自在地散步，而不必忍受帽子和手套的束缚。玛丽安娜发现，最吸引人的习俗是女士们在头发上的簪花。她还描述了平生第一次见到一个淋浴装置，并断定这是一种最别具一格的洗浴方式。

在布登佐格（Buitenzorg，今茂物 Bogor），她居住的旅馆离植物园仅有 15 分钟的路程，但她很快就意识到只能在早上去参观，因为此地每天下午都要下一场大雨——这种天气充分解释了岛上居民为什么总是带着雨伞。

一个月后，玛丽安娜到达了巴达维亚（Batavia，今雅加达）。凭借随身带着的一封介绍信，当地官员为她提供了在此期间的食物和住宿。玛丽安娜在此拜访了一位荷兰花卉画家。她写道，这位叫范·诺顿夫人的画家很穷，她的一本大部头图书只能依靠政府资助来出版。这也许是玛丽安娜为邱园购买了一本这部作品的部分原因。

在爪哇，玛丽安娜参观了许多地方，包括茶园、火山、当地村落、印度教遗址，以及由 400 尊佛像组成的婆罗波多（Boro-Bodo，现名婆罗浮屠 Borobudur）佛寺。作为一位令人感到新奇的女性旅行画家，无论她去哪里，都能吸引到很多人的注意。

上 619号作品：爪哇，从布登佐格看到的萨拉克火山。"像爪哇的大多数火山一样，这座火山上覆盖着最富饶的森林，一直延伸到火山口的边缘，其中到处零星种植着金鸡纳树、咖啡和烟草，往下是水稻和玉蜀黍梯田。"（引自《诺斯画廊官方手册》）

下 636号作品：爪哇，从婆罗多佛塔顶上远观默拉皮火山和默巴布火山。在爪哇，玛丽安娜参观了壮观的婆罗多佛寺。这座建筑的清晰结构给予玛丽安娜创作的灵感，使雕像成为她的几幅爪哇风景画中的组成部分。她写道"随处所见都可入画"，她"在这个由巨石组成的画册中总能发现新故事"。

玛丽安娜回忆道，有一次，当她与当地首领共用完早餐离开时，所有的人都对她鼓掌，"就好像我刚成功地演了一部滑稽剧"。还有一次，玛丽安娜作画时一个孩子靠得很近，她就在他鼻子上轻轻地点上了一点蓝色颜料，把围观的人们都逗得大乐。

但是，面对一个无情抨击爪哇的画家，玛丽安娜会无法掩饰她的愤怒：

> "他抱怨说，爪哇的色彩'太单调了'，除了绿没有其他颜色！我从来没有在任意两棵树上看到过同样的绿色；山上的淡紫色和蓝色很美，竹子刚刚泛黄，稻田则呈现出各种色调……我真想把这种愚蠢的盲目自负从这个可怜的、了无生气的男人身上除去！"

显然，爪哇对玛丽安娜有极强的吸引力，她在这个岛上度过了开心愉快的大好时光。

左页图 630号作品：爪哇，加洛特（Garoet）附近的草屋村。据玛丽安娜描述，当地的房子是"由很整洁的藤席或竹席构成，上面织有黑色、白色和红色的图案，鸟笼周围还挂有细竹框架"。每个房子周围都有几棵作食材的树种（如椰子、香蕉和面包果）。

上 694号作品：爪哇，迪欧西欧（Diocio）附近，帕苏古拉（Passu Gulah）的榕树。在《诺斯画廊官方手册》中，玛丽安娜写道：有一名囚犯多年来一直被锁在石桌那儿，每天靠滚动两块大石头来消磨时光。

下 691号作品：佛像。"来自爪哇婆罗波多佛塔的宏伟塔身。"（引自《诺斯画廊官方手册》）

斯里兰卡

　　玛丽安娜抵达锡兰（Ceylon，即 1972 年前的斯里兰卡）的第一个目的地是加勒（Galle）——西南沿海的一个重要港口。玛丽安娜惊奇于这里的椰子又多又美味，并对沿岸美丽的环境赞叹不已。她写道："沙子金灿灿，热带螃蟹就像一列火车一样跑过，在海的前面还散布着许多红色、金色的岩石……这些海浪呈现出细腻、清晰的颜色。"但玛丽安娜不太喜欢她遇到的那些人。她发现这里的英国人都是"爱闹腾的年轻小伙儿，沉迷于白兰地和苏打水"，当地人也不如爪哇人勤快。

　　到达科伦坡（Colombo）后，她同样对此地印象平平，觉得"毫无吸引力"。在得到当地总督开出的下一站要用的介绍信后，她很快就离开了。她要去内陆，前往中心城镇康迪（Kandy）。玛丽安娜首先接触的人是佩拉德尼亚（Peradeniya）植物园[①]的园长斯维茨（Thwaites）先生，玛丽安娜认为他是"我所认识的人中最完美的绅士"。同样幸运的是，她的另一个熟人，劳里（Laurie）法官，就住在植物园附近，并向她提供了他的备用客房。玛丽安娜欣然接受了这一切，她待在植物园及附近，创作了几幅优美的油画作品，包括一幅描绘壮观的天然橡胶树大道的画作。

　　在锡兰期间，玛丽安娜得到了一次与先锋摄影师朱莉娅·玛格丽特·卡梅伦会面的机会。此前，玛丽安娜就对朱莉娅"辉煌的摄影作品"有了不少的了解。朱莉娅 48 岁时开始涉足摄影，当时她的女儿送给她一台照相机作为礼物，以近五旬的年纪才开始摄影并没能阻碍她成为摄影史上的一位重要人物。玛丽安娜发现

---

① 斯里兰卡最大的植物园，亚洲第二大植物园（仅次于印度尼西亚茂物植物园），收藏有全球各地的热带和亚热带植物 4 000 多种，尤以兰花类而著名。在英国殖民之前，这里是斯里兰卡的皇家植物园。

　　　　　　　　　　　　　　　大自然的恋人　｜　玛丽安娜·诺斯的画旅人生

247号作品：锡兰，红木棉（*Bombax ceiba*）的叶与花，以及一对长尾绶带鸟。

邱园在橡胶树引种过程中的作用

　　1876年6月，邱园接收了6万颗橡胶树（*Hevea brasiliensis*）的种子。这些种子是由亨利·维克汉姆（Henry Wickham）从巴西的亚马孙河流域采集来的。今天人们仍然传说维克汉姆是一个把橡胶种子从巴西"走私"出来的人，但也知道这个故事和其他类似的故事一样都带有浪漫、夸张的成分。邱园收到这些种子后立即就进行播种，但只有2 800颗种子萌发。有些幼苗被送到斯里兰卡和马来西亚。幼苗在那儿生长良好，并能繁殖。后来，这些橡胶树为这两个国家和其他一些亚洲国家的庞大橡胶工业打下了基础。

222号作品：锡兰，加勒路边椰子树下的景色。

左页左 260号作品：锡兰，佩拉德尼亚（Peradeniya）的印度橡胶树大道。"这种树的产品被人们称为'印第安橡胶'，是制造业最早使用的橡胶之一。人们都是通过树干切口来收集乳状汁液，以获得这种橡胶。"（引自《诺斯画廊官方手册》）

左页右 284号作品：锡兰，佩拉德尼亚皇家植物园附近，贝叶棕[1]。在画廊编目中玛丽安娜写道：无论贫富贵贱，当地人都把贝叶棕的叶子当作伞用。它的叶片很大，一片叶子可以覆盖八个人。

她很迷人，能回忆起她"话中尽显机智，很有创见"。虽然玛丽安娜既不喜欢在卡梅伦夫人的镜头前摆姿势，也不喜欢这种摄影效果，但最终的摄影肖像（见本书 20、32 页）展现了一位更自然、更不拘束的女性，这是我们在其他现存肖像中无法看到的。

———

① 学名 *Corypha umbraculifera*，为棕榈科贝叶棕属种类。

‖神圣的植物

毫无疑问，这些被人尊为神圣的植物通常具有药用价值或其他用途。玛丽安娜绘制过她所游历过的大部分地区和不同文化中的此类植物。然而，在印度地区的画作中，这类植物尤为集中，这得益于玛丽安娜曾专门制订了画印度教神圣植物的计划。

莲花

作为全球最著名的花卉之一，莲花（sacred lotus，学名为 *Nelumbo nucifera*）成为一种极具象征意义的重要植物已有数千年的历史。玛丽安娜发现，这种植物"遥远的历史渊源"非常有趣。她在画廊编目中特意指出，早在 4 000 多年前的埃及，莲花就已是神圣的象征。今天，这种花在印度和中国的神圣地位更为突出。

莲花在古代的梵语经文中经常被提及，在全亚洲都具有宗教内涵，特别是对于佛教徒和印度教徒来说，它象征着纯洁和智慧。几乎所有的印度教诸神都被刻画成坐在莲花上或佩戴着莲花的形象，就像佛教中的佛、菩萨和度母一样。在印度教和佛教的艺术、文学、神话作品中被频繁提及，使莲花在全亚洲普遍成为永生、富足和好运的象征。

莲蓬和莲子就像盐罐和盐一样，摇动时，莲子就从莲蓬顶部的一个个小孔中掉落出来。在所有植物种子中，莲花的种子是存活时间最长的之一。在中国的一个古代湖床中，曾挖掘出一些约 1 300 年前的莲花种子，出土后仍然可以萌发。

684号作品：爪哇，莲花的植株、花和果。 "在所有的睡莲类植物中①，莲花的叶子和花朵都是最美丽和最优雅的，通常高高玉立于水面；同时，因其有久远的历史渊源，也是最引人关注的。"（引自《诺斯画廊官方手册》）

① 在诺斯生活的年代及之后很长的一个时期，莲花（即荷花）与睡莲都被认为是近缘植物，同属睡莲科。现代分子生物学研究表明，其实二者亲缘关系甚远。现在，荷花已从睡莲科分出，置于山龙眼目莲科莲属。

左 295号作品：圣罗勒。这种植物在印度已经有3 000年的栽培历史。这种珍贵的神圣植物将生活与精神相连，而且对两者都同样重要。

右 241号作品：德里，阿里·乌德·丁（Ali Ud Deen）墓陵和印楝。玛丽安娜对印楝的美丽及用途赞叹不已。除了对印楝专门描绘研习外，她还将这种树画在了她的印度风景画中。在这幅画里可以看到它从右边伸入画面。

圣罗勒

圣罗勒[①]（*Ocimum tenui-florum*）在斯里兰卡语中称为"Tulsi"，意为"无可比拟的"。它确实如此，因为圣罗勒是印度教中最神圣的植物，象征着纯洁、宁静、和睦、幸运、幸福和健康。玛丽安娜写道，这种植物被种在花盆里，在每座寺庙附近以及虔诚的印度教徒家中都能看到，如今的印度依然如此。许多印度妇女以给这种植物浇灌圣水，并在它面前祈祷而开始一天的生活。圣罗勒大多用于寺庙祭祀和其他仪式上，也出现在印度教徒的婚礼和葬礼上。人们还设立了一个供奉圣罗勒的节日，以庆祝印度传统结婚季的开始。

在《诺斯画廊官方手册》中，玛丽安娜写道："圣罗勒的根被做成珠子，戴在脖子和胳膊上。"这些珠子很可能是念珠，用来计算念诵神佛名号的次数。在阿育吠陀医学中，圣罗勒也被用于治疗皮肤病、咳嗽、耳痛和糖尿病。它含有防腐化合物，且气味对昆虫有威慑作用。它的叶子和花可以添加到沐浴用水中，或是房子门口旁的水盆中，供访客洗手之用。

印楝

在印度教神话中，印楝[②]（neem，学名 *Azadirachta indica*）有一个非凡的起源。这并不奇怪，因为印楝在阿育吠陀医药系统中用途极多。根据一个印度神话的说法，当永恒的圣水被带到天堂时，有几滴落在印楝树上，使之具有治疗作用（更多关于印楝的药用特性见本书 110–111 页）。

有许多地方性的宗教信仰和习俗都与印楝有关。人们相信印楝

① 唇形科罗勒属种类。
② 楝科印楝属种类。

有保护作用，因而有时会将它的叶子挂在门口避邪。另一个例子是，至今仍然存在一种将婴儿放到印楝树叶上的祈福仪式，人们相信这些树叶可保佑婴儿。

古时候的印度教徒相信，种植印楝树可以找到通往天堂的路。根据古印度百科全书《广博观星大全》（*Brhat Samhita*）里关于药用植物的描述，人们通常将印楝种植在住所附近。印楝还常被种植在寺庙和其他神圣建筑的周围，因此，玛丽安娜在几幅描绘印度建筑和街景的画作中都将其作为边景。

菩提树

菩提树（Peepul，也拼写为 peepal 和 pipal）学名为 *Ficus religiosa*，又称为 Bo 树、Bodhi 树、神圣无花果，为桑科榕属植物。这种树对印度教徒、耆那教徒和佛教徒都是很神圣的，象征着繁荣、长寿和幸福。印度教徒相信，毗湿奴神出生在菩提树的树枝间，如果没有十分有力的理由而去砍伐一棵像菩提树一样的神树，就是一种犯罪，将会造成负面因果报应。对佛教徒来说，菩提树是佛陀显灵的象征，它本身就受人尊敬。乔达摩·悉达多正是在菩提树的树荫下冥想时受到了启迪，从而证道成佛。

右页上　315号作品：菩提树（Peepul or Bo）。菩提树的叶子延伸出来一个尖端，被称为滴水尖，使得落在叶子上的雨水可以很快地流出去。东南亚的艺术家通常在这种树叶的叶脉上绘制花和风景。

右页下　259号作品：印度，旧德里的铁柱。神圣的树通常种植在寺庙和其他神圣建筑的近旁。这幅画中，有一棵菩提树填补了清真寺柱子和铁柱之间的空间，与画左边一棵有点模糊的印楝平衡对称。

菩提树的不同部位都能入药，可用于从痢疾到腮腺炎、哮喘和疣疮等一系列疾病。玛丽安娜对房屋周围菩提树的描绘请参见本书103页第265号画作。

榕树

榕树（banyan，学名 *Ficus benghalensis*[①]）广泛分布于热带亚洲，对印度教徒和佛教徒都是神圣之树。榕树生长在那些最古老的乡村中，它的蔽日浓荫下常是乡村会议的场所。由于人们相信神、鬼和其他灵魂都居住在榕树的树枝间，所以，虽然人们白天待在它的树荫下，夜间却不愿意在树下睡觉。

在印度教中，榕树代表着永恒的生命，它们依靠树枝上长出的气生根开疆拓土。在《薄伽梵歌》（*Bhagavad Gita*）中，榕树是一种象征，它向追寻人生意义的英雄阿朱那（Arjuna）揭示了生命的真谛。榕树与菩提树在植物学和文化上都有着密切关系，二者经常比邻而植，人们还会为此举行一场类似于印度教婚礼的仪式。

在萨谛梵（Satyavan）和萨维德丽（Savtri）的故事中，榕树发挥着重要作用。这是印度宗教史诗《摩诃婆罗多》（*Mahabharata*）中提到的一个故事：一个忠诚的妻子把她的丈夫从死神手中夺了回来。与这个故事有关的是印度北部的萨维德丽节。在那里，已婚女性会持守斋戒，并向榕树祈祷，保佑她们的丈夫能长寿快乐。

---

① 为孟加拉榕的学名。榕树是桑科榕属植物的统称，包括多个种类。

677号作品：爪哇，茂物的老榕树。

印度教的神圣植物

　　"他准备了各种各样的印度教神圣植物供我绘画（他同时承诺撰写这些植物的历史，并在某一天与我的插画一起出版），他让我觉得很自在，不慌忙。"在这段摘自回忆录的叙述中，"他"是指亚瑟·伯内尔（Arthur Burnell）博士——玛丽安娜最初在去爪哇的轮船上与他相识（见本书82页）。他们之间迅速发展出深厚的友谊，两人计划一起出版一本关于印度教神圣植物的书籍，由伯内尔撰文，玛丽安娜绘制插画。玛丽安娜为这个计划努力工作，她的回忆录中多次提到自己在印度时到处寻找这些植物的生长地点。在她的画廊里挂着的有椭圆形画框的28幅画就是这项工作面世的成果。遗憾的是，伯内尔博士在1882年过早去世，这本书因而没能完成。

　　玛丽安娜绘制的另外一些神圣植物还包括木橘和印度龙牙花。前者是一种药用果实，其叶子经常被献祭给健康之神湿婆；后者能开出美丽的花朵，但由于克里希纳神从天堂花园里偷走了它，因而在印度教传统中受到诅咒。

印度

时间来到了 1877 年底。玛丽安娜到达印度，并在这里待了一年多。她的足迹从泰米尔纳德邦（Tamil Nadu）的杜蒂戈林（Tuticorin）到旁遮普邦（Punjab）的阿姆利则（Amritsar）等地，从南到北，遍及这个国家。

艰苦的印度之旅让她吃尽苦头。当时印度南部和西南部正在经历闻名的 1876—1878 年大饥荒。人们都在挨饿，最要命的是，洪水还导致了热病的暴发。玛丽安娜说："人们都在吸食鸦片作预防。我也顺应这一潮流，防患于未然。"当她着手筹划旅行时，发现铁路被冲垮了 9 处。她的第一个重要目的地是坦乔尔（Tanjore，今坦贾武尔 Thanjavur），仍旧在泰米尔纳德邦，在那里她与亚瑟·伯内尔博士待了两个星期。伯内尔是一位杰出的梵文学者，成为玛丽安娜最亲密的朋友之一。他们原本计划合作写一本有关印度教神圣植物的书，由玛丽安娜绘画，伯内尔撰文。后因伯内尔突然去世，此书未能完成，而悬挂在诺斯画廊那椭圆形画框里的 28 幅画就成为这个计划唯一的遗产。

玛丽安娜的旅行路线是，在到达阿格拉（Agra）之前会经过科钦（Cochin，今 Kochi）、特里凡得琅（Trivandrum，今Thiruvananthapuram）和孟买。她发现泰姬陵比她想象的更高大、宏伟。之后，她在喜马拉雅山麓的美丽小镇奈尼塔尔（Naini Tal，今Nainital）休息了两周。在阿姆利则，玛丽安娜马不停蹄地参观了阿姆利则金寺（Golden Temple），并称之为"真正的极品"。从这儿出发，她继续旅行到拉合尔（Lahore，在今巴基斯坦境内），然后到达喜马

228号作品：印度西北部，阿格拉的泰姬陵（Taj Mahal）。玛丽安娜发现泰姬陵比自己想象的更加高大宏伟，对于周围的花园她也觉得魅力十足。尽管画中的泰姬陵被茂盛的植物遮挡而若隐若现，但看上去依然分外夺目。

拉雅山脉西北部的希姆拉（Simla，今 Shimla）。

　　所到之处，雨水引发了很多问题。由于萨哈兰普尔（Saharanpur）与大吉岭（Darjeeling）之间的道路被彻底冲垮，玛丽安娜不得不取消前往大吉岭的旅行。无独有偶，在前往穆里达巴德（Muridabad，今莫拉达巴德 Moradabad）的途中，她又遇到一座坍塌的桥梁和一条即将决堤的河流。据说，那天早上的洪水已经没过了玛丽安娜所乘马车的车轮。她写道："当地人看上去是在安心地干等着天气转晴，等人来修桥。他们坐在阁楼顶上的垫子上面，就这样子能坐上一个星期。"玛丽安娜找到了一个变被动为主动的办法。她发现了一艘旧船，于是让人们舀去船里的水——为此，她还"发了一通脾气，因为与这些当地的人打交道时，免不了如此"。把水

818号作品：印度南部，红睡莲。玛丽安娜将这种睡莲（*Nymphaea lotus*）[①]画得栩栩如生。

清空后，能看出这是一艘不错的船。于是玛丽安娜和她的手下在水上继续旅行。玛丽安娜从穆里达巴德，经过勒克瑙（Lucknow）和贝那勒斯［Benares，今瓦拉纳西（Varanasi）］，到达加尔各答。加尔各答植物园的代理园长把玛丽安娜介绍给一位知识渊博的印度教教徒。这位教徒告诉了她许多关于印度神圣植物的故事。

又经过一天的跋涉，玛丽安娜最终到达大吉岭——她认为这里是"世界上最棒的山地"。头一个星期，她每天在日出后花3个小时画宏伟的金城章嘉峰［Kinchinjanga，今干城章嘉峰（Kangchenjunga）］。花的品种也似乎不计其数。玛丽安娜真想延长时间，待到春天，以便能观赏到所有杜鹃和玉兰的花开。但没过多久，她就返回加尔各答了——她想画的那些神圣的花终于在植物园盛开了。

---

① 中文名为齿叶睡莲。

270号作品：从大吉岭远眺金城章嘉峰。玛丽安娜花了一周的时间画了这幅作品。每天，她会在日出后画上3个小时，因为之后山峰就会被云雾遮盖。在大吉岭逗留的这段时间，玛丽安娜没遇到一位来此看日出的人。对此，她在回忆录中不无讽刺地写道："金城章嘉峰没有遵守当代流行的作息时间。"

玛丽安娜的下一个目的地是德里（Delhi）。她在这座城市与朋友们住了一周后，租到了一处居所，距离德里城区11英里（约18千米），就在库塔布（Kutab）遗址，即今天被称为顾特卜宣礼塔和纪念碑（Qutb Minar and Monuments）的附近。玛丽安娜发现这片遗址非常美丽。在从那里乘火车前往阿尔瓦（Alwar）之前，她在这里待了几周，随后去了珀勒德布尔（Bhartpur）。从那儿，她乘坐当地土邦主的马车去了位于迪格（Dig，今Deeg）的宫殿，并在此处稍作停留。到达目的地时，玛丽安娜又累又饿，仅剩的一些饼干也被老鼠吃了。面对有200间客房的宫殿，玛丽安娜此时更愿意要一碗粥。不过很快她就享受了一场十分丰盛的宴会。餐桌上摆满了七道不同的菜肴，还有香槟、干红葡萄酒和咖啡。玛丽安娜写道，这就像《天方夜谭》里的一个场景。在这种奢华的环境中，玛丽安娜感到很不自在，她只在这座豪华的房子里住了两个晚上。不过她也写道："如果我有一个安静的小屋和面包、奶酪，我很乐意在这儿住上一个月，因为这地方实在太美了。"

右页上　797号作品：阿杰梅尔（Ajmere）的街道和达汗尔（Daghar）清真寺的大门。在回忆录中，玛丽安娜写道：在印度，被视为神明的圣牛可以镇静自若地从人们的篮子里挑选食物。在斋浦尔（Jaipur）①，军方一位上校曾劝说当地土邦主把圣牛锁起来，并严格限制它们的口粮。此举触怒了民众，并引发了造反。民众相信，正是因为圣牛待遇变差才引发了饥荒，所以圣牛又重获自由。

右页下左　265号作品：印度贝拿勒斯，正在戏水的蓝色鸽子，尼泊尔式神庙和菩提树。持续一周的时间，玛丽安娜每天早晨都在画贝拿勒斯河边风景的速写，她发现"如画的风景如此之多，试图以画重现它们让我心生绝望。"

右页下右　276号作品：印度，春季通往奈尼塔尔的山路。"我从未见过如此丰富而纯净的颜色。"玛丽安娜抵达奈尼塔尔时公开表示。这个美丽的小镇坐落于喜马拉雅山的山麓。玛丽安娜在这里住了两周后身体恢复如初，觉得自己简直"如获新生"。

———
① 印度拉贾斯坦邦的行政中心，也称粉红之城。

玛丽安娜从这儿旅行到斋浦尔，逗留一段时间后，她继续前往阿杰梅尔。那里有美丽的湖泊和群山。她被湖水和周围的山峰所吸引，山头上还有古老的堡垒。她也很喜欢这座老城，因为城里有许多风景如画的街道和集市。从这里，她乘骆驼车花了几天时间旅行到奇托尔（Chitor）。这是一趟非常值得的旅程，能参观美丽的老城遗址。玛丽安娜写道，她所见越多，就越欣赏这座城市。她讲述了一个有趣的故事：有一天，当她外出画画时，为了避免被王公子弟和扈从狩猎队发现，就躲在了一块大石头的后面。因为，正如她所说的那样，"这些大人物有一种见到任何自己喜爱的东西便张嘴就要的习惯，根本不考虑会被拒绝，而我不会把自己好不容易画好的素描给别人。"

　　离开奇托尔，玛丽安娜继续旅行。夜幕降临时，她到达乌代布尔（Udaipur）。尽管光线不足，但她的第一印象是：一座美丽的城市！"我清楚地看见这座城市像一片闪闪发光的珍珠，上面有大理石宫殿，湖后面环绕着光秃秃的山。"这里是玛丽安娜在印度的最后一个重要目的地。1879 年 2 月下旬，她再次登上了一艘船，这次是返回南安普敦，回到家中。

印度的杜鹃花属种类

　　印度的锡金—喜马拉雅区域广布着各种杜鹃花属植物，从19世纪40年代末至50年代初，约瑟夫·胡克将多种杜鹃花引入英国。他的冒险经历被记录在《锡金—喜马拉雅的杜鹃花》一书和他的两卷喜马拉雅日志中。在结束旅行后，他于1865年接替他的父亲威廉·胡克担任邱园的园长。由约瑟夫·胡克发起收集的杜鹃花标本，如今超过700份。在春天，杜鹃花盛开时的美景令人赞叹。

上　243号作品：2种印度杜鹃花的叶与花。 在印度的那段时间，玛丽安娜画了数种不同的杜鹃花属（*Rhododendron*）植物。

下　558号作品：印度西北部，阿杰梅尔湖。 玛丽安娜非常喜欢待在阿杰梅尔湖，尤其喜欢这里日落时的风景，如本图所示。

药用植物

植物是医疗保健至关重要的组成部分。世界上仍有 80% 以上的人口依赖传统医药，其中大部分来源于植物。在回忆录和《诺斯画廊官方手册》中，玛丽安娜经常记录一些所绘植物的用途。她画的药用植物有一些生长在自然环境中，另一些则是殖民者种植的；要么是因为它们有各种用途，如金鸡纳属植物（*Cinchona*），要么是用作观赏，如马达加斯加的蔓长春花（periwinkle）。

罂粟①

在南亚，鸦片有许多传统的医药用途，在阿育吠陀医学中也发挥着重要作用。传统上，鸦片是由罂粟（opium poppy，学名 *Papaver somniferum*）未成熟蒴果中提取的乳状汁液制成的，主要用途是作为止痛药和镇静剂，也可用于止咳、放松肌肉、缓解胃部和呼吸系统的痉挛。玛丽安娜记录道：在印度遭受饥荒和洪水袭击时，每个人（包括她自己）都服用鸦片以预防发热。

尽管听起来罂粟与遥远的异域有关，但其实在英国也有着悠久的种植历史。从中世纪起，鸦片在英国就被用作传统药物。18 世纪 90 年代，伦敦艺术协会甚至向优秀的罂粟种植者提供现金奖励，目的是鼓励人们种植。在玛丽安娜的时代，以鸦片为主要成分制成的鸦片酊剂是药柜中的必备药品，几乎所有家庭都会储备。

如今，两种重要且使用广泛的镇痛药——吗啡和可待因，均由从罂粟中分离出的生物碱制成。吗啡是治疗重度疼痛的重要临床用

① 由罂粟（*Papaver somniferum*）所提取的吗啡、可待因等生物碱虽然具有重要的药用价值，但另一方面，这些成分又极具成瘾性，对人体健康危害极大，是国际公认的毒品，海洛因即为吗啡类毒品的总称。我国法律严禁任何单位和个人种植罂粟，严禁在食品中添加罂粟及其制品。

793号作品：罂粟的植株、花和蒴果。鸦片是由罂粟蒴果（如这幅画的右下方所示）所含的乳状物质制成的。罂粟种子本身通常用于烘焙，不含任何具有麻醉作用的活性成分。

药；可待因是一种消炎止痛药，低浓度的可作为几种药店专卖药，高浓度的则用作处方药。

马达加斯加长春花

马达加斯加长春花（*Catharanthus roseus*）[1]，顾名思义，是马达加斯加的本土植物。在殖民时期，它作为一种备受欢迎的观赏植物被广泛种植，现在已在大多数热带和亚热带地区归化。在传统医药中，长春花被用于治疗多种疾病，并且在治疗糖尿病方面有特殊疗效。20 世纪 50 年代，对这种植物的药用特性进行了研究，在其组织中发现了多种有毒生物碱。进一步的研究表明，有两种生物碱，即长春碱和长春新碱，可对细胞分裂产生影响。实验表明，这类生物碱对骨髓癌（如儿童白血病和非霍奇金淋巴瘤）有特别疗效。在此基础上研制出的化疗方法，极大地改善了儿童白血病患者的预后水平，预后率从 1960 年的不到 10% 提高至如今的 90% 以上。

尽管面临着马达加斯加独特的岛屿生境的威胁，但该植物的繁殖能力很强，使得它能在这种干扰生境中繁衍存活。它在热带地区的野外广泛生长，在花园和室内普遍栽培，也被商业化种植以用于制药业。这种普遍分布意味着尚不需对其采取直接保育措施。

金鸡纳树

17 世纪初，秘鲁的欧洲耶稣会传教士开始知晓金鸡纳（*Cinchona ledgeriana*）[2]树皮的抗疟特性，使得这种树皮在英国以"秘鲁树皮"或"耶稣会树皮"而名声大震。1667 年，它首次

---

[1] 即为长春花，夹竹桃科长春花属种类。
[2] 茜草科金鸡纳属种类。

左 472号作品：马埃（Mahé）的长春花[1]以及绿色青蛙。玛丽安娜在她的画廊手册中备注：长春花（玛丽安娜时代的学名为*Vinca rosea*——译者注）在大多数热带国家有野生分布。这是殖民者在属地种植的直接成果，他们将它视为一种漂亮的观赏植物。如今，长春花在与癌症的斗争中起着重要作用。

右 587号作品：一棵金鸡纳树的植株、花和蒴果。在《诺斯画廊官方手册》中，玛丽安娜提到：在南美洲的一些国家，金鸡纳属种类在当地是非常神圣的。幸运的是，其中一些栽培品种目前在印度、锡兰、牙买加和爪哇都有广泛分布。

①原文图注的题目为"Periwinke"，是说画中的植物为小蔓长春花（*Vinca minor*），但实则为长春花（*Catharanthus roseus*）。

出现在伦敦药典中。到了 17 世纪 70 年代，它已经成为治疗疟疾或沼泽热病的一种名药。"疟疾"（malaria）这一名称来自于意大利语 "mal aria"，意为"恶瘴"。19 世纪，开始在英国使用此名。1820 年，两位法国化学家从金鸡纳的树皮中成功提取出活性成分"奎宁"。到 19 世纪末，当玛丽安娜在热带地区旅行时，纯奎宁已经成为治疗疟疾的标准药物，而金鸡纳树也已在英国和丹麦的属地广泛种植。

虽然纯奎宁现在仍被用于治疗一种最严重的疟疾，但基本已被合成药物（如氯喹）所取代。不过，在全球许多热带地区，病人对氯喹出现的抗药性已经成为一个令人担忧的问题。阿托伐醌是目前西方最常用的抗疟药之一，但其费用昂贵，仅有少数富人用得起。科学家们正在研究更新更有效的预防和治疗疟疾的方法，人们迫切需要这些新疗法。据世卫组织估计，2008 年全球有 2.47 亿个疟疾病例，其中，近 100 万的死亡病例发生在非洲儿童中。

印棟

印棟是阿育吠陀医药中最重要的植物之一。这种树在梵文中被称为 "Sarva Roga Nivarini"，意为包治百病的灵药。这种植物的各个部位都有药用价值：叶片、树皮和种籽油具有抗菌作用，传统上用于治疗肿胀（包括由关节炎导致的关节肿胀）；叶片可用于促进肝脏功能、助消化和治疗肺部疾病；树皮提取物可用于治疗发烧、口干舌燥、恶心和呕吐。在印度，印棟也越来越多地应用于卫生用品和化妆品中，

诺氏火炬花

Kniphoffa northiae

青鸟
新知

《大自然的恋人：玛丽安娜·诺斯的画旅人生》

诺斯猪笼草

Nepenthes northiana

青鸟
新知

《大自然的恋人：玛丽安娜·诺斯的画旅人生》

塞舌尔僧帽榄

Northia seychellana

青鸟
新知

《大自然的恋人：玛丽安娜·诺斯的画旅人生》

诺斯文殊兰

Crinum northianum

青鸟
新知

《大自然的恋人：玛丽安娜·诺斯的画旅人生》

如肥皂、洗发水和牙膏。

在印度，大部分的印楝种籽油都用于制皂。一般情况下，印楝要与其他草药和精油混合，以中和其类似大蒜的刺鼻气味。目前，科学家已研发出新的提取方法来去除这些产生异味的化合物。

除了药用，印楝在印度也被用来保护储粮和织物免受虫蛀。最近，邱园的科学家对印楝进行了研究，发现其含有的一种特殊化学物质能阻止昆虫正常进食和繁殖。这种化合物已被制成商用杀虫剂。

芦荟

尽管在全球热带及温带地区都可以见到芦荟（*Aloe vera*），作为观赏植物，被广泛种植，但一般认为，芦荟原产于南非。

芦荟肉质叶片中的黄色汁液有活肤、润肤和愈合伤口等特效，其应用已超过 3 500 年。今天，它仍然被广泛应用于化妆品和药物替代品等领域，在处理轻微的家庭烧伤、冻伤，以及嘴边疱疹和银屑病等皮肤疾病时，有明显的缓解作用。研究表明，口服芦荟胶有助于降低高胆固醇水平，也有助于降低 II 型糖尿病患者的血糖水平。

苦芦荟胶是从芦荟叶子外层获得的黄色苦味分泌物，传统上被用作泻药。目前已知其活性成分可能有害，因此禁止孕妇、哺乳期妇女或儿童服用。

左页图　298号作品：印楝。在《诺斯画廊官方手册》中，玛丽安娜用一番笔墨赞扬了印楝树的美。除了画中这幅特写外，她还把印楝画在了一些描绘印度街巷场景的作品中。

邱园的芦荟

在邱园的威尔士王妃温室（Princess of Wales Conservatory）可以见到芦荟，但园方的工作绝不止于照料和展览这些植物。在这背后，邱园的科学家们已经对芦荟及其相关种类进行了研究，并发表了诸多不同领域（如叶片化学成分、分类学、杂交和遗传学等）的论文。

澳大利亚

1879 年 3 月从印度回国后，玛丽安娜在伦敦的一家画廊举行了画展，并正式向约瑟夫·胡克爵士提出在邱园设立画廊的建议（见本书 164 页）。在此期间，她先去瑞士看望了妹妹凯瑟琳，又动身前往意大利，在那里和爱德华·李尔待了一段时间。一回到家，玛丽安娜就收到一个邀请：前往肯特郡（Kent）面见查尔斯·达尔文（Charles Darwin）。她平生最尊敬达尔文，她写道："在我看来，他是活着的最伟大的人，是最真实，也是最无私、最谦虚的人，总试图将自己的伟大思想和工作的成就归功于他人，而非一人独享。"

玛丽安娜对达尔文非常尊重，当达尔文指出，如果没能展示澳大利亚的植物区系，她的收藏就称不上完整时，玛丽安娜将此视为"让我立即出发的圣旨"。她乘上一艘蒸汽轮船，成为沙捞越王公和王妃队伍中的一员，并在新加坡和沙捞越中途停留。

在海上待了一周后，玛丽安娜在星期四岛（Thursday Island）[①]登陆，并短暂拜访了当地总督。然后，她穿过托雷斯海峡（Torres Strait），最终在 1879 年 8 月 8 日到达布里斯班（Brisbane）。她在澳大利亚总共待了 6 个月，游历了昆士兰（Queensland）、新南威尔士（New South Wales）、维多利亚（Victoria）、西澳大利亚（Western Australia）和塔斯马尼亚（Tasmania）。

玛丽安娜认为布里斯班"最不吸引人"。她描述它是"一个杂草丛生的村庄，宽阔空旷的街道上满是扬尘和沙土，周围是荒芜的郊区，木屋散落在光秃秃的陡峭山丘上"。她也嫌弃悉尼（Sydney），直截了当地宣称"不喜欢这个城市"。然而，在墨尔本（Melbourne），

---

① 澳大利亚的岛屿。

左页上　764号作品：西澳大利亚的火焰树或火树[1]习作。

左页下　773号作品：昆士兰的大叶南洋杉[2]林景和袋鼠。

左　775号作品：一株西澳大利亚的班克木属（*Banksia*）植物。

右　736号作品：昆士兰的酒瓶树[2]。

玛丽安娜却感到像回到了家："墨尔本是一座宏伟的城市，它的花园比悉尼的花园更美丽，有着更多样的开阔地和河上美景。它是澳大利亚迄今为止最名副其实的城市，街道上挤满了像伦敦一样来往匆匆的人群。"

　　澳大利亚妇女独立的天性和有条不紊的性格非常贴合玛丽安娜的品味。她说到其中一位女房东："M太太和她的女儿都是模范家庭主妇，她们不接受仆人或外界的任何帮助，在餐桌上自己伺候自己。农夫也与我们一起吃饭，每样东西都精致、洁净，一切都安排得井井有条。"

---

① 可能为桑寄生科金焰檀属的种类金焰檀（*Nuytsia floribunda*），也称为澳洲火树。
② 学名为 *Araucaria bidwillii*，澳大利亚俗称 bunya bunya。

不过，一离开城市，玛丽安娜就着迷于植物和鲜花。她对在澳大利亚生活的回忆，有不少是对所遇到的鸟类和其他动物的描述和细节描写，尤其是袋鼠，给她留下了奇怪而有趣的印象。通常，她都很乐意看到动物充满生机的样子，而不是沦为猎物。她评论说澳大利亚人对肉食的消耗量"惊人"。她痛惜当地人射杀了一只树袋熊，并将其作为礼物赠送给她；还有一只母袋鼠也被射杀，她认为这是"无辜杀戮"。当地的袋熊、鸭嘴兽和许多鸟类在她的回忆录中也占有一席之地。

在阿德莱德（Adelaide）期间，玛丽安娜拜访了爱丽丝·罗恩（Ellis Rowan），一位澳大利亚植物和野生动物画家。玛丽安娜对她的作品印象深刻，认为十分精致。从玛丽安娜的来往信件中，我们知道她曾提请约瑟夫·胡克爵士重视罗恩夫人的作品。玛丽安娜有可能在油画方面指导过罗恩夫人，因为在她拜访之后，罗恩夫人的作品就开始包含一些实验性的油画。

在玛丽安娜的描述中，西澳大利亚是"一个天然的花园"。在那里，"一个人可以在灌木间漫步数英里，却从来见不到一个生灵。"玛丽安娜对她见到的那些奇妙班克木的印象特别深刻，她注意到它们的巨大花序——可长达 1 英尺（约 30 厘米）。

当听说在纽卡斯尔（Newcastle）稀有的大果桉（*Eucalyptus macrocarpa*）[①]正在开花时，玛丽安娜立即预订马匹，从帕斯（Perth）出发前往。尽管这是一段颠簸了 8 小时的旅程，却非常值得。据玛丽安娜的描述，这棵树有纯白色的叶子和茎干，还有巨大的颜色如康乃馨的花朵。这种植物一开始分布甚广，但因为备受绵羊的青睐，渐渐地就被啃食殆尽。当地人想要收集保存这棵树的种子——这样的话，即使最后一棵树也被吃光，还可以培育出新的树，继续为绵

---

① 桃金娘科桉属种类。

左 741号作品：西澳大利亚森林景观。

右 725号作品：塔斯马尼亚，修恩路上的蓝桉树（*Eucalyptus globulus*）①、银荆②（*Acacia dealbata*）和檫木。这幅画刻画了活的和腐朽的蓝桉树。

羊提供食物。在画这种植物时，玛丽安娜为邱园收集了它的种荚。然而，这些种荚并未能够送达邱园，因为德国植物学家冯·穆勒（von Mueller）男爵命名了这个新种。当玛丽安娜将其展示给他时，他声称，这些种荚得归他所有。

　　玛丽安娜在1881年1月20日前往塔斯马尼亚，不过，她发现塔斯马尼亚乏善可陈。在她看来，这个国家及其植物似乎过于英国化了，只有极少数的本土花卉，大量的果树是种植的。玛丽安娜记录道，全球一半的果酱是在塔斯马尼亚制造的。这些果酱被销往新西兰和澳大利亚较为寒冷的地区，在那里有很大的消费市场。在塔斯马尼亚的森林里，玛丽安娜偶遇蓝桉树。这种树尽管在它的家乡甚为罕见，但在欧洲却很出名。那时，玛丽安娜的身体已经抱恙，开始出现牙龈肿大、面部水肿的症状。她需要好好休息，但在这里几乎没有得到东道主的关照。不久，她就自己登上了轮船前往新西兰。

---

① 桃金娘科桉属种类。
② 豆科金合欢属种类。

左页图　772号作品：西澳大利亚植物红佛塔树（*Banksia coccinea*）[1]的花和不同发育阶段的果球。

749号作品：两种澳大利亚的灌木，下方是悉尼港。

班克斯和班克木

　　已知班克木属有76种，除1种外都为澳大利亚特有种类。这个属以约瑟夫·班克斯爵士的名字命名。他年少时就获得了巨大财富和社会地位，又因为成为邱园的首位非官方负责人而富有声名。班克斯的财富使他能够资助他看中的科学家和助手，搭乘库克船长指挥的皇家海军舰艇"奋进号"出航考察。班克斯和他的团队成为在新南威尔士州植物学湾[2]研究和收集澳大利亚植物的第一批欧洲人。在整个航行过程中，班克斯采集了3600种植物的标本，其中三分之一以上（1400种）在科学领域是新的种类，其中有一些属继续以班克斯的名字命名。

① 山龙眼科佛塔树属种类，中文名也称为绯红班克木。
② 澳大利亚东南部的一处海湾，由库克船长将其命名为植物学湾（Botany Bay）。

新西兰

在塔斯马尼亚时，玛丽安娜的健康每况愈下。在新西兰，她的生活受到了一场风湿病的影响，直到回程穿过赤道后才有所好转。

在到达新西兰南岛（South Island）后，玛丽安娜登上了前往因弗卡吉尔（Invercargil）①的火车。旅途中，她注意到当地沿途丛生的亚麻和优美如画的乡村景色。虽然她在因弗卡吉尔市的夜宿还算不错，但她觉得这个地方又冷又沉闷，因此第二天早上离开时，也并未觉得不舍。在去昆斯敦（Queenstown）的路上，等待火车挂车时，玛丽安娜开始用速写勾绘周围的山脉和亚麻丛。这是新西兰给她留下深刻印象的少数事物之一。

　　"亚麻丛非常美丽，植株高大，一般一丛有十几根茎，茎干棕色，上面有一些种荚。当种荚打开时，黑亮的种子就会成串倾泻而出。在种荚中，这些种子非常精巧地挤在一起。残留的这些花看起来像猩红色的倒挂金钟，当它们盛开时应该是最绚丽的。"

昆斯敦周围的景色让玛丽安娜觉得"蛮荒"，但这座城镇自有它的优点——"空气是极其纯净而清新的"。玛丽安娜所住的那家客栈由一位"精力充沛和管理有方"的女主人经营，服务处处周到。玛丽安娜对新西兰的看法与她所经历的天气息息相关：天气不好时，她的印象也不好；一旦天气转晴，她的看法也随之好转。在前往瓦卡蒂普湖（Lake Wakatipu）②尽头的一次短途旅行中，玛丽安娜的心

---

① 新西兰最南端的城市。
② 位于新西兰南岛，是新西兰的第三大湖泊。

712号作品：一株新西兰的龙血石南属（*Dracophyllum*）植物。这是另一种玛丽安娜在新西兰多次看到的植物。

　　大自然的恋人 ｜ 玛丽安娜·诺斯的画旅人生

情和天气都放晴了："云散开了，天气晴朗，我们走近岸边去看石缝里的稀奇植物，四处的风景真的非常壮观。"寒冷使玛丽安娜不可能待在这里画画。虽然她确实很享受这段在悬崖上散步、独自一人欣赏风景的时光，但天气还是太恶劣了："我觉得，在这样的天气下我不能再虐待自己了。我的四肢疼痛，走得不够快，所以暖和不起来。我坐下来，想着自己是否应该回到英国的家，亲眼看着画廊完工。"在自然环境的美丽和寒冷带给她的痛苦之间，玛丽安娜显然很挣扎。"我多么想待在这里，"她写道，"但寒冷让我心无留恋！"

她待得越久，风湿病就越严重。在她到达惠灵顿（Wellington）时，玛丽安娜非常认同总督对这个国家尖锐的批评："他不失公正地说，一个需要如此多赞美的国家肯定出了什么问题。无论我走到哪里，所有人都在大肆宣扬它至高无上的美丽和高贵。"

在去奥克兰（Auckland）的船上，总督为玛丽安娜安排了一间单人舱。在奥克兰，她登上西兰蒂亚号，于1881年4月13日到达夏威夷檀香山（Honolulu, Hawaii），在4月20日到达旧金山（San Francisco）。她在美国旅行到6月初，然后回到英国。

左页图　714号作品：欧蒂拉峡谷（Otira Gorge）风景。玛丽安娜写道：自己前往拜访的那位表亲对于长在这个峡谷里的各类植物非常兴奋，但她本人似乎无法感同身受。她告诉我们："尽管牙龈脓肿、脸部肿胀，还有一股股风呼啸穿过山谷，使整个房子都咯吱作响，但我还是尽了最大努力，在一个地上长满块茎蕨属（*Todeas*）种类[1]和其他蕨类植物的地方速写。"

---

① 可能为块茎蕨，角蝉科 Membracida 块茎蕨属（*Todea*，或称为南紫萁属）种类。

上 713号作品：新西兰，瓦卡蒂普湖风景，前景中的新西兰麻①。在《诺斯画廊官方手册》中，玛丽安娜写道：这种麻在新西兰是最常见、最耐贫瘠的，也是最有用的植物之一。

下 723号作品：新西兰，从瓦卡蒂普湖心岛上望见的厄恩斯洛山（Mount Earnslaw）风景。《诺斯画廊官方手册》对此说明：这幅画前景中的树通常被称为"卷心菜树（cabbage-trees）"②。它们的叶可以制成一种有用的纤维，虽然这种纤维不如新西兰麻那么结实。

---

① 可能为龙舌兰科麻兰属的麻兰（*Phormium tenax*）或山麻花（*P. colensoi*）。
② 剑叶巨朱蕉（*Cordyline australis*），又名澳洲朱蕉，隶属于龙舌兰科朱蕉属。

‖有用的植物

　　玛丽安娜·诺斯对很多有用的植物都非常感兴趣，如本书中节选《诺斯画廊官方手册》的文字所示。玛丽安娜所写的许多有用植物都已在这本书中的其他类别中提及——经济作物、奇异的水果、重要的棕榈、药用植物和神圣植物，尚未提及的则汇集在这一节。

猴面包树

　　　　"取自于猴面包树的有用产品都很重要。在所有用途中最为突出的是：树叶可作药用或调味品；树皮的纤维非常结实，以至于在孟加拉有一句俗语——'像用猴面包树绳捆绑大象一样安全'；还有葫芦状的果实，被称为'猴面包'（Monkeybread）和'埃塞俄比亚酸葫芦'（Ethiopian Sour Gourd），可以食用，其退热特性使其具有特别的价值。"

　　猴面包树（*Adansonia digitata*）[①]广泛生长于非洲各地，其分布范围可扩展到阿拉伯半岛。它的实际用途比《诺斯画廊官方手册》中记载的更多：种子可提供富含蛋白质的油脂，可用于烹饪和制作化妆品；树皮可造纸、编制篮筐和绳索；木材可作为燃料、绝缘材料和制造独木舟。近些年，猴面包树被誉为"超级食品"，叶子和果肉富含抗氧化成分，且营养丰富，果肉中的钙含量是牛奶的2倍，维生素C含量是橙子的6倍。

---

① 木棉科猴面包树属种类。

262号作品：印度，坦焦尔（Tanjore）公主花园（Princess's Garden），非洲猴面包树。

猴面包树的标志性特征是有一个独特的瓶状树干，构成了马达加斯加主要的陆地景观。猴面包树的树龄很长，可长达 1 000 年。它开的大白花甚是迷人，由蝙蝠授粉。

木蓝

木蓝（*Indigofera tinctoria*）是豆科的成员之一，紫色的蝶形花是该科众多成员的特征。有关这种植物的史料记载可追溯至公元前 4 世纪的印度手稿中。

木蓝的叶子经过浸水、大力敲打和搅拌，然后暴露到空气中，就会释放出蓝色染料——靛蓝。在亚洲，将木蓝作为染料植物已有许多个世纪的历史。但在欧洲，直到 16 世纪，当人们从本土植物菘蓝（*Isatis tinctoria*）①中萃取出一种颜色较浅、不褪色的染料时，木

———
① 十字花科菘蓝属植物。

560号作品：一株四照花和一株木蓝，来自喜马拉雅山脉。 木蓝叶子小一些，在这幅画的左上角。

蓝才引起人们的关注。靛蓝可在水彩画中作为颜料，玛丽安娜本人也可能在她的油画作品中使用过靛蓝。

19世纪70年代，人们对靛蓝染料生产的化学过程有了突破性认识，从而开发出化学替代品。到1914年，全球只有4%的靛蓝染料产自植物。天然靛蓝染料只在印度以及非洲和中美洲的一些地区有小规模生产。

在邱园的经济植物收藏品中，最珍贵的藏品之一是1886年为殖民地和印度展览会制作的靛蓝生产工厂模型。这个黏土模型，在"植物与人"（Plants+People）展览会上展出，是在孟加拉的克里希纳格尔（Krishnagar）制作的。这个细节丰富的模型，展现了将木蓝从树叶加工成干染色饼这一过程中所需的工厂和设备，以及在印度和欧洲所需的劳力和耕牛。

散沫花

> "散沫花（*Lawsonia inermis*）[1]能生产一种染料。东方的女士大多用其染头发、眼睑、指甲等等。"

散沫花是一种大灌木或小乔木，自然分布于热带和亚热带的非洲、南亚和北澳大利亚的干旱区域。历史学家认为，虽然对于散沫花的应用是源于印度、中东还是北非的观点仍存在分歧，但其用作化妆品和药物起码已有 5 000 年的历史。

散沫花染料提取于这种植物的叶子，常呈红色，但与其他化学品结合后能生成黑色染料，可用作化妆品，以及染发剂、人体彩绘及文身的染料，还可用作传统药物。

用散沫花染料绘制图案是印度教婚礼的一个重要组成部分，也是伊斯兰教节日古尔邦节的一个特色。它们象征着兴旺、繁荣和幸福。在印度和巴基斯坦，印度教新娘在婚礼前夕的"曼海蒂（Menhdi）仪式"上会用特别复杂的图案进行装饰。

在欧洲和北美洲，过去几年对散沫花的需求逐年增长。英国每年大约进口 5 吨散沫花染料，主要用作化妆品和染发剂。

藤棕

藤棕类植物是棕榈科的一个亚科，有数百种，其中大部分在当地已有应用，如制作绳子、篮子、垫子和镶板。大约有 30 个种类有更广泛的商业价值，因为它们可提供用于制造家具的高质量藤条。其中能提供质量最佳的藤条的种类是 *Calamus caesius*[2]，它主要分布在沙巴州，

---

[1] 或称为指甲花，为千屈菜科散沫花属种类。
[2] 棕榈科省藤属种类。

712号作品：沙捞越，柚子的花（左下角）和果、散沫花枝条以及飞蜥。

此外也遍布于婆罗洲、苏门答腊、马来西亚以及泰国的部分地区。

藤棕的制造和出口是东南亚经济的一个重要组成部分。由于是劳动密集型产业，所以也是主要的就业来源。据估计，藤具制造业的用工人数约为50万，还有约70万人参与藤茎的收集、加工和运输。

因为藤棕有如此多的用途，故而遭到过度开采，其中一些最有经济价值的种类已变成珍稀植物，几乎濒临灭绝。现在藤棕种植园已经遍布整个东南亚，然而，这些种植园都达不到需求水平。此外，如果它们是私人所有，那么相关创收也不会回馈给当地民众。

竹子

> "它们的实际用途数不胜数，因此，它们与香蕉、椰子一样，被广泛种植或保护——因为它们不需要太多的照料。"

据估计，全球有一半以上的人口每天都在使用竹子。据文献记载，竹子有1500多种不同的传统用途。许多种类的竹笋可作为蔬菜食用；竹纤维强度是大麻纤维的3倍，是很好的绳线原料；劈开的竹篾是理想的编篮材料；由竹浆制成的纸张和硬纸板也越来越受欢迎。

竹子的强度适用于建筑，被广泛用作建筑材料。竹竿能用作墙壁、柱子、窗框、椽子、天花板和屋顶。在孟加拉国，多数人都住在这样的房子里。在其他国家，它还可用作地板、隔墙和屏风，还广泛应用于搭建脚手架和支撑桥梁。竹子的其他用途仍在陆续被发掘出来：在澳大利亚，许多人用竹子做成冲浪板；而在英国，由竹子制成的自行车已经有售。

上 148号作品：牙买加，巴斯（Bath）附近，竹林谷。"被称为竹子的这类乔木状草本植物构成了大多数热带国家植被的一个显著特色，尤其是在亚洲热带地区，是真正的竹乡。"（引自《诺斯画廊官方手册》）

下 612号作品：婆罗洲，由达雅克人用藤棕和竹子筑成的蛛网桥。"竹子仅作为落脚点。不过，它固定得非常巧妙，甚至穿着鞋子的欧洲人也能从它上面走过，如果不会因为摇摆而头晕的话。"（引自《诺斯画廊官方手册》）

南非

"世界上所有大陆的景色都可以在我的画廊中找到代表作,但只有非洲除外。这让我决定马不停蹄地去往那里,开始作画。"

以这句话作为开篇,玛丽安娜在自己的回忆录中讲述了她在南非的经历。1882 年 8 月末,她到达南非。从一开始,各处花卉的丰富性和多样性就给玛丽安娜留下了深刻印象:"在大海和公路间的沙地上,盛开着无数小花:有着耀眼粉色的酢浆草,黄色、白色和淡紫色的欧石南灌丛,种类繁多的球茎植物、勋章菊(*Gazania rigens*)和形态各异的日中花(*Mesembryanthemum* sp.)。"她发现帝王花是一个"伟大的奇迹",到了南非她才见识到这种花的硕大和华美程度。她写道,这种植物的每个部分都十分可爱,但"最令人着迷的是那些球果。当它打开时,种子会带着 4 片羽毛状的翅膀,悬挂在一条大概半英寸(约1.3 厘米)长的细线上"。有许多人为玛丽安娜收集各种鲜花——据她自己说,她的画室里曾经摆放了两大缸鲜花。

和以往一样,这次旅行也是一场冒险。在一次旅行中,玛丽安娜被预约的司机吓到,她形容这名司机:"外表实在很不体面,满脸通红,睡眼惺忪,浑身散发着杜松子酒的味道。"在向一位熟人倾诉她的恐惧时,对方告诉她:"这里的每个人都喝酒,但只有这位司机和少数几个人总是喝不醉!"尽管他不停喝着兑水的高度烈酒,玛丽安娜还是迫不得已请他担任了两天的司机。

玛丽安娜在南非最想画的植物之一是一朵盛开的帝王花(*Protea*

401号作品：阿多丛林（Addo Bush），卡菲尔人（Kaffirs）①及其栖息地。

玛丽安娜在回忆录中这样描述她对卡菲尔人部落的印象：在丛林旁，穿着红色布幔和羽毛制衣的卡菲尔人昂首阔步，体态壮美，就像舞台上的墨菲斯托菲勒斯②一样。妇女们的穿着与之相配，她们的手上和腿上都挂着金属环。

cynaroides）③，据说那是当时最大的帝王花。当她终于看到这朵花时，开心不已，加之适时出现了一只吸蜜鹦鹉（或许是蕉鹃），这让她更加兴奋。她决心不忽略任何一个物种，将它们都画在一起。她画出了鸟儿的头部和翅膀的一部分，其他部分则被藏在帝王花的后面。

在南非的 9 个月旅程中，玛丽安娜一路保持着对南非植物的迷恋，这都忠实地体现在了旅程结束时总共完成的 110 幅画作里。

---

① 卡菲尔人（Kaffir）是南非民族科萨族（Xhosa）的旧称。
② 歌德所著诗剧《浮士德》中的魔鬼。
③ 山龙眼科帝王花属（*Protea*）种类。

上 456号作品：网球花（*Haemanthus*）①以及其他南非花卉。

右页图 355号作品：纳塔尔（Natal），牵牛花②。玛丽安娜记载，南非大面积种植牵牛花。在德班，很多阳台都被这种亮蓝色的花朵所覆盖。

---

① 石蒜科网球花属某种。
② 旋花科牵牛属（*Ipomoea*）某种。

上　419号作品：范斯塔登（Van Staaden）峡谷，画中并非一朵花①，而是一个场景。"这种帝王花是同属中花序最大的一种，长至60～90厘米高时才会开花。在花冠上方有一个鸟头，它的红色羽翼也被画出来了，最特别的是，这种红色可以用肥皂水洗掉。"（引自《诺斯画廊官方手册》）

下　369号作品：卡夫拉里亚（Kaffraria）②，圣约翰斯（St. John's）的大鹤望兰（*Strelitzia augusta*）③。

惊艳动人的鹤望兰

　　鹤望兰属（*Strelitzia*）植物的花序由一组3朵花组成，每朵花由橙色的萼片和内部呈紫蓝色的花瓣构成。从一个坚硬的鞘中伸出，2枚花瓣融合成蜜腺。鸟类为鹤望兰以及其他富含花蜜的花授粉。当鸟将自己的喙插入花中吸取花蜜时，它的头上便会粘上花粉，然后鸟儿将花粉带到下一朵花上。鹤望兰属的属名*Strelitzia*是由约瑟夫·班克斯爵士命名的。1773年弗朗西斯·马森将鹤望兰从南非运回邱园时，他正在邱园任职。选这个名字是为了纪念乔治三世国王的妻子——梅克伦堡–施特雷利茨（Mecklenburg-Strelitz）公国的公主夏洛特王妃。

---

① 帝王花是头状花序，由许多朵花组成一个头状花序。
② 今特兰斯凯（Transkei）地区。
③ 芭蕉科鹤望兰属。

塞舌尔

1883 年 9 月，玛丽安娜离开英格兰前往塞舌尔（Seychelles），同年 10 月 13 日抵达了马埃（Mahé）岛。她这次旅行的主要目的是去画著名的海椰子①（也被称为双椰子）——巨籽棕（*Lodoicea maldivica*）。

马埃岛有一处迷人的海湾，沙滩各处爬满小螃蟹。它们"长着青绿色的外壳和红色的腿"。这些小螃蟹使玛丽安娜激动不已，看到它们时她十分高兴，兴奋得不得了。玛丽安娜说，她丢掉了自己的包，冲着它们惊喜地欢呼起来。玛丽安娜对岛上的自然美景和富饶物产大为赞叹。但令人失望的是，这份大自然的馈赠并没有被好好采撷，而是任其腐烂：

> "这里非常美丽。肉豆蔻、肉桂和丁香都长势喜人，但人们懒到不想去采摘它们。我的脚踩碎过丁香树的紫色果实。它们开花、结籽后就从树上掉落。但没有人会在适当的季节去费劲采摘它们的花蕾。"

在马埃岛待了一周之后，玛丽安娜乘船去了普拉兰（Praslin）岛。在到达那里的第二天，她就去参观了海椰子山谷（coco de mer valley），尽管到达时天色已晚，她还是快速勾勒出一株带有 25 个完全成熟果实的海椰子树。随后，玛丽安娜和她的同伴步行穿越山谷，其间有大约 1 000 多株这样的棕榈科植物，但他们没法停下来去画更多的速写。

玛丽安娜对塞舌尔的描述给人以美丽又富饶的印象。但据她所说，在一些岛屿上，淡水和食物十分匮乏。玛丽安娜告诉我们，"木

---

① 槟椰科（棕榈科）巨籽棕属种类。其种子（实际上舍内果皮）是世界上最大、最重的，呈 "H" 或 "M" 状，似双体相连，形如臀部，故又称"双椰子"、臀形椰子、大实桐、巨子棕，还有马尔代夫椰子（源于最初发现地及其种另词"*maldivica*"）、塞舌尔海椰子（源于原产地及其异名 *L. sechellarum* 的种加词）、海底椰（源于其果重，沉于海底）等称呼。

薯的根和混有椰子果的米饭"是岛民的主食，当然，鱼类也很丰富。玛丽安娜说，有一天晚上吃的是咖喱章鱼，他们用煮熟或烤熟的面包果代替面包。那里还有许多新鲜水果可以享用，比如甜瓜、木瓜、杧果和菠萝。

玛丽安娜在赛舌尔度过了圣诞节和新年，但这并不是一段愉快的经历。据她的回忆录记载，所有人都喝得烂醉如泥。玛丽安娜写道："晚上我们听到周围都是歌声和喊声；这里就像疯人岛一样，我们睡觉之前把所有的窗户都关严实了，但根本睡不着。"几周后，玛丽安娜的健康状况开始恶化，这导致了几起更严重的事件。初期，由于当地天花暴发，玛丽安娜和其他希望离开塞舌尔的人同意被隔离一段时间。正如玛丽安娜在回忆录中所说：

> "一些同住的人捉弄我，我以为他们会抢劫甚至是谋杀我。谁说得清楚呢！医生说我因为食物不足和劳累过度导致神经过度紧张……整整两天两夜，我把门关死，把窗户堵上，一直担忧自己的生命安全。我还听到从低处传来的说话声，其实根本没有人说话。"

直到安全回到英格兰，回到她的朋友中间，开始忙着整理她的绘画作品后，玛丽安娜才逐渐恢复了健康，尽管偶尔会有点"神经质"。

左页上　474号作品：普拉兰的海椰子山谷，远处可以看到马埃岛、锡卢埃特（Silhouette）岛和卡桑斯（Cousins）群岛。海椰子或双椰子是塞舌尔特有的植物，仅在普拉兰有大量分布。但在1743年这一物种被发现之前，人们就在远离此地的海域[1]发现了它们巨大的坚硬果实，因而关于它们的起源产生了荒唐如神话般的故事。在不久之前，这些果实的售价还很高，因为当时各种不常见的东西都被认为有很高的药用价值。（引自《诺斯画廊官方手册》）

左页下　475号作品：塞舌尔，海椰子的雄花序和成熟坚果。在回忆录中，玛丽安娜告诉我们："果呈心形，外表绿色，果壁有2层，其内充满了白色的果冻样胚乳，足以装满最大号的汤碗。"

---

① 是指马尔代夫。

488号作品：朱槿和远处生着猪笼草的山地。这幅作品描绘了玛丽安娜从位于埃斯特里奇先生的房子窗口眺望的景色。远处是马埃港口。

497号作品：塞舌尔，普拉兰，从野橙树上悬挂下来的本地香荚兰（*Vanilla* sp.）。

智利

　　玛丽安娜的最后一次旅行是前往智利。1884 年 8 月中旬，她登船启程，目的是画一种常被人们称为"猴迷树"的智利南洋杉（*Araucaria araucana*）和食羊树（*Puya chilensis*）①—— 一种蓝色的、像仙人掌的凤梨。

　　为了找到这种开花的凤梨，玛丽安娜去了科迪勒拉斯山上这种植物的原生地。她住在阿普昆多（Apoguindo），需要骑马上山去画这些花。当坡太陡时，玛丽安娜和她的同伴就把马拴起来，徒步前行。这是一次令人筋疲力尽的登山，但最终得到了丰厚的回报："看啊，就在我的头顶上，有一大片壮丽的花朵。起初，它们像幽灵一样挺出来，之后，就逐渐开放，陆续呈现出每一生长阶段的完美形态和色彩。"玛丽安娜在阿普昆多待了两个星期，在这期间她考察了这座山脉和山上的植被。

　　画完蓝色凤梨后，玛丽安娜将注意力转向她最重要的目标——寻找和画猴迷树。与以往一样，人们试图劝说玛丽安娜不要冒险："他们说我睡在外面，会被美洲狮吃掉，或者被印第安人带走……其他人则断言这种树已经绝种，它们都被锯开当成了铁路的枕木。"但是，这一切都像玛丽安娜通常遇到的情形一样：所谓的困难都被夸大了。坐了一段火车，又骑了四五个小时的马，目标终于出现在

右页图　4号作品：智利，猴迷树和原驼。在回忆录中，玛丽安娜指出：对猴迷树印象最深的是它的树干。画的右边，展示了这种树皮很深的纹理。用玛丽安娜的话说，就像"一个完美的儿童拼图，由不同尺寸的厚板组成，每块板有五或六个不同的边，所有边相吻合，组成整齐的蜂巢形状。"

———

① 又名智利粗茎凤梨、龙舌凤梨、普亚、普雅，隶属凤梨科普亚凤梨属（龙舌凤梨属）。

10号作品：智利，圣地亚哥南部，科迪勒拉斯（Cordilleras）山脉的科昆纳斯（Cauquenas）山谷。

了面前——"我能看到矗立在山顶的这种名树。它们背着暮色，黑乎乎的，看起来就像随意插在针垫上的大头针。"

当她走近这些树时，才发现它们不同于她在其他地方看到的这类树的样子。玛丽安娜注意到，这里的树与巴西、澳大利亚和英国的有差异。她把这些树与在英国看到的进行了比较："生长在这里的这种珍贵树木似乎都很老，或者都很嫩，没有我在英国公园里看过的中龄植株，靠下的树枝都垂到地面上了。"

在智利的旅程快结束时，玛丽安娜的健康状况再次恶化。她告诉我们，"见多识广的人说我这是犯了'神经质'。这种毛病一直

26号作品：智利，阿普昆多附近，科迪勒拉斯山脚的蓝色凤梨和仙人掌。玛丽安娜在薄雾笼罩的科迪勒拉山上发现并描绘了这种美丽、高大的蓝色凤梨。

伴随着我。"她咨询了一位医生，发现他用的药疗效就跟"吐司和水"一样。这让她断然决定返程，途经牙买加，回到英国。在牙买加，她待了一个月，去看望了一位老朋友。

回到英国后，玛丽安娜又花了一年时间完成画廊的工作，并进行了一些工作调整，包括对所有画作重新编号。随着这些工作的完成，玛丽安娜开始集中精力物色一所心仪的房子，以便能更加安逸地享受接下来的生活。

8号作品: 萨尔托 (Salto) 山谷中的智利椰子。智利椰子 (*Jubaea spectabilis*)[1] 是智利本地产的唯一一种棕榈, 在当地用途广泛。玛丽安娜参观了一个满是这种植物的山谷, 但她仍然认为该种植物已经变得稀有: 40年前它们曾遍布全国, 但现在的数量只勉强达到100株。

左页图 23号作品: 开花的智利仙人掌以及结果的无叶寄生植物。

---

① 可接受拉丁名为 *Jubeae chilensis*, 为棕榈科智利椰子属种类。

牙买加——过去与现在

　　2005 年 11 月，邱园的摄影师安德鲁·麦克罗布（Andrew McRobb）花了 5 天时间访问牙买加，以追寻 15 幅玛丽安娜画作的作画地点。为了确定位置，他随身带去了这些画的复印件、一本玛丽安娜的回忆录、一本《诺斯画廊官方手册》和一幅牙买加的旅游地图。

　　第一天，找到了几处相匹配的地方，其中包括百慕大山（Bermuda Mount）——玛丽安娜的一位朋友在那儿有一所房子，玛丽安娜在牙买加时曾在这里居住过一段时间。由于火灾后这所房子进行了重建，视觉上和画作仅有细微的相似之处。幸运

左　126号作品：从牙买加画家的房子看到的景色，还有双彩虹。根据背景中的山脉形状，确证了画这幅画时的那座房屋。

的是，这里还保留了一些原来的窗户，使安德鲁能将其跟当年的景象匹配上。在前往下一个地点——177号画作"克利夫顿山的咖啡种植园"（Coffee Plantation at Clifton Mount，见本书41页）之前，团队成员决定喝杯咖啡休息一下，以庆祝这一成功。这个决定竟让他们有了意外收获——177号画作中房主的儿子此时恰巧也走进了这家咖啡馆！

第二天，确定了两幅画的作画地点，其中包括一处玛丽安娜在戈登镇（Gordon Town）住过的房子。安德鲁用126号画作进行定位。从房子的阳台上可以看到远处的山脉，山脉的形状与画作中的互相匹配。这所（重建的）房子的位置确定后，寻找另一幅画作——编号132号的画作"画家居所后的山谷"（Valley behind the Artist's House）—— 的作画地点变得可能。

左　132号作品：牙买加，戈登镇，画家居所后的山谷。与玛丽安娜那会儿相比，现在的植被长得更加茂盛，但从一些小的显著特征上能确认这一位置。

上　164号作品：牙买加，欧丘里欧海滩全景。这幅画中描绘的沙滩如今依然清晰可见。瀑布也还在，只是被植物所掩盖。

第三天，团队造访了巴斯植物园，并沿途寻访，以确定 129 号作品"一棵老木棉树"（An Old Cotton Tree）的作画位置。安德鲁最终从当地一位女士那里得知，一棵很大的木棉树在飓风"伊万"过境时被吹倒了，很有可能就是玛丽安娜画作中的那棵。

第四天，最终确定了画巴夫湾（Buff's Bay）景色的 172 号作品的位置。多亏了一位当地渔民帮忙指路，他们才找到一条杂草丛生的小路，看到了巴夫湾的景色。164 号作品所画的是欧丘里欧（Ochos Rios）海滩的景色，尽管现在长出的植物掩盖了溪流，但沙滩的曲线与画中完全吻合。

最后一天，团队沿着沼泽步道，徒步来到西班牙小镇上 146 号画作中的位置。这所房子现在已经废弃，被列入拆除日程。161 号画作的位置正好在去机场的途中，十分方便。借助飞机、汽车和路况良好的公路等现代化交通优势，安德鲁在短短 5 天时间内便造访了玛丽安娜在岛上 5 个月内所画的多个地方。

斯里兰卡——过去与现在

2005 年 8 月，安德鲁·麦克罗布又在斯里兰卡进行了为期 6 天的考察。此行聚焦于玛丽安娜在斯里兰卡所画的 9 幅作品，以追寻她在此地的足迹。他从朱莉娅·玛格丽特·卡梅伦在卡卢特勒①（Kalutara）的房子开始，希望能重见玛丽安娜两幅画作中的风景。

第一幅画，编号 240。画中所绘的河流和桥现在被高大的棕榈树和橡胶树完全遮挡住了。尽管有茂密植被的阻碍，还有凶猛的眼镜蛇可能随时从灌木丛中窜出来，但安德鲁还是设法靠近了河岸。遗憾的是，由于距离不够近，仍然无法看到下游的景色。

第二幅画，编号 248。画作右手边有 3 根柱子，但这似乎不是根据实际情况画出来的：如果站在门廊下往河边看，柱子应该出现在画的左边，而不是右边；门廊的顶也不同，画作中描绘的是一个瓦片屋顶，如今的门廊则带有石质护墙。

旅途中安德鲁还造访了佩拉迪尼亚（Peradeniya）的植物园。希望在这儿能找到画 260 号作品"印度橡胶树"（Indian Rubber Trees）和 284 号作品"贝叶棕"（Talipot Palm）的地点。这两幅画都在本书 88 页。这座植物园里有一条由印度橡胶树形成的林荫道，树龄都很小，原来的树已经不复存在。贝叶棕也见不到了，尽管从这幅画上还能辨认出大门。又过了一天，安德鲁在路况糟糕的道路上花了 4 小时，终于找到了与 227 号画作中的兰博迪（Ramboddy）瀑布精确匹配的现在的景象。两个相同的场景，相隔 130 年遥相呼应，真是令人难忘。

229 号画作是此次行程最后匹配的作品之一。这幅画画了一处长着椰子树的海滩风景，玛丽安娜仅注明这里"靠近加勒②（Galle）"。安德鲁发现，的确如此——此处现在叫乌纳瓦图纳（Unawatuna）海滩，距离加勒 3 千米。根据海湾的自然弧线，可以确定此处就是画中所绘之地。意料之中的是，这处海滩现在已经开发为旅游景点。

———
① 位于斯里兰卡西部省。
② 斯里兰卡南部城市。

上 227号作品：锡兰，从兰博迪瀑布顶部看到的景色。玛丽安娜写道，自己在试图画这一景象时，几乎被大风吹倒。安德鲁也是在非常崎岖的道路上经过长途旅行，才十分艰难地到达这个观景点。这两次行动的结果都毋庸置疑地证明，两人选择做此努力是完全正确的。

上　248号作品：锡兰，卡卢特勒，卡梅伦夫人家外廊上的孟买小贩。玛丽安娜在她的回忆录中记录了这些印度商人是如何在外廊上铺开他们的"华丽披肩"和货物的，她评论道："在这幅画中，他们为远处的一棵开花的棕榈树创造了一个合适的前景。"

上　229号作品：锡兰，加勒附近，海岸边的椰子树。这个海滩名叫乌纳瓦图纳海滩，位于斯里兰卡南部省的省会城市加勒城外3千米处。

玛丽安娜的植物保护意识

"……许多景观……已经消失，或在短时间内注定消失，随着定居者或殖民者不断进犯，面对斧头和森林大火、犁耙和羊群，许多景观也逃脱不了这样的命运。

这样的景观不可能自然再生，一旦消失，仅凭想象是无法重现的，只有通过这位女士的绘画记录，才得以向我们呈现。"

1882 年，约瑟夫·胡克爵士在《诺斯画廊官方手册》的前言中写下了这些话。如他所言，玛丽安娜的绘画和著作本身就是一种文献记录，向我们展示了在她旅行的那个时期，某些自然景观正快速地发生着变化。

玛丽安娜的回忆录中多处提及人类对自然环境的影响。其中一个例子是她去北美参观红杉林，到了那里才发现，她不远万里前来参观的这些树，已经"被锯成木柴，而且很快就会灭绝"。在印度，她看到"在西姆拉，最为珍贵的长叶云杉和西藏冷杉被砍伐，并被卖给英国人当柴火"。

尽管玛丽安娜在很多方面都是大英帝国的非官方大使，而且她也在很大程度上凭借其日不落帝国公民的身份探访世界各地，但她还是勇敢地提醒大家注意在英联邦国家出现的一些负面现象。例如，她反映，在澳大利亚，"真是难以置信，我们将所有的杂草、恶习和偏见引入这个国家，导致澳大利亚本土物种（甚至包括鱼类）的灭绝"。在新西兰，她发现"空气中飘满了蓟花的冠毛，本土的野

171号作品: 加利福尼亚, 近看卡拉维拉斯巨树林 (Calaveras Grove of Big Trees)。在到访加利福尼亚期间, 玛丽安娜对巨杉被砍伐的速度感到震惊。这种大规模的砍伐始于该树种被发现的19世纪50年代, 并且一直持续到20世纪50年代。如今, 根据世界自然保护联盟 (IUCN) 红色名录, 巨杉被归为易危等级。由于大部分巨杉现在仅生长在国家公园的土地上 (如约塞米蒂国家公园、红杉谷和国王峡谷), 90%的野生种群正受到保护。土地管理和植树计划也已经开始实施, 以保护该物种。

草正被新西兰的皇家花卉所扼杀"。同样是在新西兰，人们因为想要在一座岛上野餐而将该岛保护了起来，她也曾对此表达过一定的质疑。但后来，她又表示忏悔："真希望有这种做法的地方再多一些，因为紧随白人抵达这片土地的，是锯木厂和大火。"

玛丽安娜也遭遇了维多利亚时代人们肆意采集植物的狂热。无论她去哪里，人们都会为她采集鲜花，数量往往超过她的绘画所需。这样做的结果是，在鲜花枯萎之前，玛丽安娜得强迫自己赶紧将它们画下来。正如她妹妹凯瑟琳在回忆录序言中所说，"她从不忍心看到这些花被无用地收集在一起——它们无辜的生命被摧毁了。"这也让数量众多的插花绘画作品成为画廊藏品的一个特点。在南非，她说要画的花太多，根本来不及完成。尽管可以画这些采来的花，但只要有可能，玛丽安娜都更愿直面自然，去画生境中的植物，通常还包括它的邻近物种，有时还有相关的传粉昆虫和动物。

约瑟夫·胡克爵士和玛丽安娜·诺斯所持的态度，在他们所处的那个时代是相当超前的。玛丽安娜在她的著作中数次强调：一些物种需要相当长的时间才能形成。与之相对比，如果过度开发利用，一个物种会迅速濒临灭绝。但当时人们对保存物种和保护生物多样栖息地的必要性的认识，很大程度上处于萌芽阶段。更典型的，是玛丽安娜在南非的经历："一位非常热心的植物学家来看我，告诉我一定得和他一起去看看一丛 40 英尺（约 12 米）高的芦荟树。这是整个国家留下的唯一一丛芦荟，孤零零地残留在森林中。在非洲的其他地方，这一物种可能已经消失了数个世纪。听别人说，就连这 3 棵也在我离开后被砍掉了。H 先生说，连 S 太太也没见过这些树。当他写信给邱园陈述这些情况的时候，他们只是很冷静地请求他砍下 1 棵，送 1 段给他们作为博物馆的藏品。"

当然，维多利亚时代的收集方法如今已不再适用。皇家植物园邱园和世界各地的植物园都支持《生物多样性公约》，并在全球商定的条例范围内工作。如今，植物多样性的保护和可持续管理已成为邱园在国内外工作的核心。

左页图　319号作品：印度的檀香木[1]。玛丽安娜写道：印度的檀香木（*Santalum album*）以其木材香气四溢而闻名，而且，从中提取的油可以用于制药，或用于宗教，作寺庙的熏香。可悲的是，如今印度檀香木的前景并不乐观，它被列为IUCN红色名录中的易危物种。对森林的毁坏和过度砍伐导致其野生种群数量大幅度减少。檀香是全球最有价值的一种精油资源，因此非法贸易和走私很普遍。由于这种树需要持续的保护，使得在野生状态下对该种植物的保护几乎不可能实现。建立受监管的种植园在印度取得了一定的成效。在澳大利亚，正在逐步建立澳洲檀香树（*Santalum spicatum*）[2]种植园，也许有助于缓解印度檀香木数量锐减的压力。

① 中文名为檀香，为檀香科檀香属植物。
② 中文名为澳洲大果檀香，也称为西澳檀香等。

356号作品：马达加斯加的凤兰（*Angraecum*）和天王星蛾（Urania Moth）。大彗星兰（*Angraecum sesquipedale*）①，是马达加斯加本土植物。玛丽安娜写道：这种特别的物种"是目前已知有最长花距或蜜腺的兰花。达尔文认为它的授粉可能是通过某种蛾来完成的，这种蛾有一个几乎与花距等长的喙"。这些惊人的花距长度可以达到35厘米。40年后，达尔文的推测被证明是正确的——当时发现了一种符合这种描述的天蛾。

如今，大彗星兰已经被列入濒危野生动植物种国际贸易公约（CITES）的附录Ⅱ中，这意味着在没有许可证的情况下买卖这一物种是违法的。兰花保护是皇家植物园邱园物种保护的一个重要部分。邱园保藏有最老的兰花活体植物，可追溯至200多年前。

———
① 也称尺半凤兰或达尔文兰。

476号作品：普拉兰岛海椰子的雄株和雌株。海椰子树，因其果实形状也被称为双椰子（double coconut），已经被列为珍稀濒危物种。它的雌株有时要经过长达7年才能结出成熟的果实。野生海椰子树仅生长在塞舌尔，绝大部分在普拉兰岛上。现在那儿的海椰子树林受法律保护。多年来，皇家植物园邱园一直在为来自马埃植物园（Mahé Botanic Garden）和塞舌尔环境部的植物学家和园艺家提供培训和建议，以支持他们的保护工作。

第三部分
画廊

一份国家献礼

植物画瑰宝的修复

玛丽安娜画作的保护

The Entrance.

The Museum.

The Interior.

The Verandah.

Louis Kight.

The North Museum. Kew.

一份国家献礼

独特的馈赠

1879 年 8 月 11 日，玛丽安娜·诺斯在施鲁斯伯里（Shrewsbury）车站附近的家安顿下来。她写信给邱园的约瑟夫·胡克爵士，打算将自己的植物绘画作品赠予邱园，并想建一个画廊来收藏这些画作。她想将画廊建在植物园的僻静之处，远离喧嚣，只有那些真正关心植物、并愿意为此穿过所有温室的人才能找到。她设想：该画廊是一个既有审美情趣，又可以休息和避风躲雨的场所，游客可以在此放松下来，品尝茶和咖啡之类的茶点。

胡克立刻接受了这个提议，但是他提出，鉴于邱园的游客数量，提供茶点并不现实。玛丽安娜选择好了场地，委任自己的朋友詹姆斯·弗格森（James

前页 邱园的诺斯小姐博物馆。这张插图来自1890年9月11日的《蓓尔美尔街预算周刊》（*Pall Mall Budget*），展示了众多玛丽安娜·诺斯画廊的内外景观。

左 詹姆斯·弗格森（1808—1886）是公认的著名建筑作家，他晚年的一些出版物成为标准的建筑学参考著作。弗格森对古印度的建筑物非常感兴趣，对古典主义建筑和古希腊建筑也十分欣赏。从他后来设计的少数几栋建筑可以看到这些对他的影响。弗格森从未进入全职建筑设计界，他认为自己的原则和趣味与当时的流行做法和大众看法并不一致。尽管如此，在他晚年，他的作品还是受到了高度推崇。根据当时的报纸报道，弗格森为玛丽安娜·诺斯画廊工作，拒绝收取报酬。肖像插图来自《大众科学月刊》（*Popular Science Mothly*）1887年第31期。

右页上 这张照片被认为是玛丽安娜·诺斯画廊最早的外观照片之一。通过鉴定照片上女士裙子的细节，邱园管理员乔纳森·法利（Jonathan Farley）将这张照片的拍摄年份定于1885年到1887年之间。

右页下 修复之后的画廊外观。入口上方的匾额上写着：这座画廊承载着玛丽安娜·诺斯在世界各地通过绘画进行的自然研究。1882年她将这个画廊赠予邱园。

Fergusson）设计画廊，并监督施工。画廊设计了一间艺术家工作室，供玛丽安娜或者其他来访并有兴致作画的艺术家使用，让他们可以远离其他游客。画廊的红砖外墙给人一种殖民地房屋的印象，还周到地设计了供人休憩的游廊和长凳。建筑内部，弗格森融入古典希腊神庙的设计元素，最大限度地引入了自然光。他采用了天窗的设计，使得下面的所有墙面都可以悬挂画作。这正是玛丽安娜所期望的。

最终的灿烂盛貌

1881 年，当玛丽安娜返回伦敦时，画廊的整体架构已经完工。她花了一年时间装裱这些画。这项工作包括修补在运输过程中损坏的画作，以及将它们分门别类进行整理。然后，玛丽安娜编写了画稿目录的初稿，并在画廊展出和出版之前交由邱园的植物学家博廷·赫姆斯利（Botting Hemsley）校对。

玛丽安娜参与了画廊的收尾与装饰工作。她的一个想法是在画廊的天花板上绘制一幅彩色地图，来展示画作中植物的地理分布。经过初步研究，在委托他人绘制地图却没有达到她的期望之后，这个计划就被搁置了。她还打算在画廊的檐口加上她画过的各种水果的索引，在窗户之间画上 12 种典型树木。这些新奇的想法并没有得到参与画廊工作的其他人的热情响应，最后也都被迫放弃了。不过，有一个想法实现了，那就是在展览画作的下方展示木材样品（共计 246 种）。室内的门框和镶板上均画上了充满活力的花卉植物做装饰，玛丽安娜将它们画在黑色与金色的背景上。门框上所画的植物中有咖啡树和茶树，似乎是在提醒游客，胡克拒绝向公众提供这些茶点。

这座由雕塑家康拉德·德雷瑟（Conrad   Dresser, 1856—1940）创作的半身塑像，从1894年起就是画廊不可或缺的一部分。它是根据玛丽安娜·诺斯的侄女凯瑟琳·弗斯女爵士（Dame Katharine Furse）的样子创作的（她与玛丽安娜容貌相像）。这座半身塑像一直放在画廊的入口大厅内。

公众反响

1882 年的年中，这项工作终于完成。6 月 7 日，画廊举行了预展，共展出 627 幅玛丽安娜的画作。画展从一开始就赢得了媒体的一片盛赞。6 月 8 日出版的《泰晤士报》（*Times*）评论称赞道："毫无疑问，这个画展的作品是迄今为止将世界各地的植物汇集在一起，并进行了最精彩、最准确图解的系列画作。"玛丽安娜本人被认为"兼具了狂热的旅行者和才华横溢的艺术家前所未有的品质"，展示出了"一种杰出的选材能力以及高超的绘画技巧"。同一天的《每日新闻》（*Daily News*）则赞扬了玛丽安娜向国家的捐赠，是一种慈善博爱的举动，赞称：至今"几乎没有女性，也没有多少男性，能像诺斯小姐那样，凭借自己的独立、积极、活力和勤奋，树立起艺术的丰碑。昨日她给国家的献礼是最好的证明。"维多利亚女王本人也于 1884 年 8 月 28 日写信感谢玛丽安娜的慷慨之举。此信由女王私人秘书发函，还附有一张女王的签名照。

只有一则小小的批评，发表在《园艺师编年史》（*Gardener's Chronicle*）上，称闪亮的黑色画框过于抢眼。醒目的边框使得每幅画在视觉上形成明显的边界，加之以"拥挤的悬挂方式"安排展出，每幅画与旁边的画紧挨着，彼此没有一点儿间隙。类似的悬挂方式在皇家艺术学院的临时展览中很常见，但在营建诺斯画廊的那个时代，就显得相当过时。尽管存在这样的批评，画廊依旧迅速征服了公众。第一本目录在开馆几周内便销售一空，并且在接下来的几年中不得不多次重印。

逐渐增加的收藏品

1883 年，在画廊后部进行了扩建，以增加更多的展览空间，主入口处还增加了一个门廊。1885 年，玛丽安娜大幅度地调整了展品，增加了来自南非、塞舌尔和智利的画作。这些画作使藏品的总数从 627 幅上升到 848 幅。原本陈列在画廊上层壁橱里的 16 幅英国植物画，在 20 世纪 30 年代末被移走。从那时起，直到 2009 年画廊修复后重新开放，展出的画作数量为 832 幅。

植物画瑰宝的修复

隐患

可以想见，一座历经百年的建筑物——被列入二级保护名录的玛丽安娜·诺斯画廊，随着时间的流逝会不断受到侵蚀。过去，人们对画廊进行过一些简单的修复（1936 年到 1937 年进行了一次比较深入的修复），但到了 20 世纪 90 年代末期，很显然，必须对这座建筑以及画作进行一次大规模的修复了。

最主要的问题是潮气渗透砖墙，损毁画作，屋顶受损则加剧了这一状况。由于年代久远，诺斯画廊并没有现代艺术画廊中那种精密的温湿度控制系统，因而温度和湿度水平的波动使得潮湿问题更加突出。玛丽安娜所选择的画作悬挂方式使这种情况变得更加糟糕，因为画作与墙壁直接接触，没有空隙供空气流动。此外，由于这种成排悬挂方式不允许移除单幅画作，因此无法检查画作及其后面的墙壁是否受到损坏。

恢复昔日的辉煌

如今，玛丽安娜·诺斯画廊恢复了昔日的辉煌。这要归功于英国遗产彩票基金（Heritage Lottery Fund）的慷慨资助，他们赞助了一半的修复费用，而另一半则来自其他许多机构和个人的支持。修复工程的第一步，是由邱园策展团队和唐纳德·英索尔协会（Donald Insall Associates）[1]的建筑师制

---

① 唐纳德·英索尔协会是英国著名的建筑施工和历史建筑顾问公司，在历史建筑物的保护、修缮和翻新领域成绩斐然，曾承担西敏寺、伦敦塔、邱园及其他多处联合国世界文化遗产保护地的保护、管理、修缮等工作。

从这些修复前后拍摄的照片可以清楚地看出，就美观而言，这项修复工作令画廊受益良多。特别值得注意的是，修复后地板砖图案显示出生动活跃的效果。相较于修复前那刺目的条形荧光灯管，现在照片中的灯光更加具有吸引力。从修复后的画廊照片中，我们还可以看到画廊上层的16幅画作又悬挂在了原来的位置上了。

订一个保护管理计划，确定了该建筑及其画作收藏的重要性，并对它们的保护以及今后的管理事宜提出了方案。屋顶已经用新的石材和铅进行了修补，墙壁被重新维修和镶嵌，受损的石制品被固定或更换。配有一套新的供暖和通风系统，保持温度调节和空气循环，新的照明系统则取代了老旧的荧光灯管。新的悬挂装置使画作离开墙壁，并能够单独拆下，方便对画作和墙壁进行日常检查。

　　其他的改变，包括拆除了20世纪增加的装饰品，使得修复后的画廊更接近于玛丽安娜所在时期的样子。20世纪后期被涂成白色的外部细木工制品和装饰金属件，现在已经恢复成了原来的深色；内部的版刻装饰已经翻新。最引人注目的是，地板砖也恢复成了原来的样式。这种地砖大大提升了修复后画廊的整体效果。主展厅中央的两个触摸式显示屏增加了现代气息，人们可以

诺斯画廊的门框装饰细节。

通过它们观看超过 50 幅画作的细节，图像可以放大到非常精细的程度，同时可以获取有关植物及其产地的相关信息。

如今的玛丽安娜·诺斯画廊

从前位于东侧画廊后方的艺术家工作室，现在被打造成了一个展览室。游客可以在此进一步了解玛丽安娜·诺斯的生平、生活、旅行和发现。通过一段引人入胜的视频，这些藏品以及玛丽安娜的回忆录和个人信件按照时间顺序展示，她的旅行也被置于更广阔的历史背景之中。很多电子显示展品则提供了更广泛的视角，例如：将玛丽安娜时代的 4 幅风景画与现在的景色进行对比，从科学的角度探索植物绘画艺术的作用。

玛丽安娜画作的保护

更新衬纸

从 2008 年 10 月到 2011 年 2 月，邱园组织了一个专业团队对玛丽安娜·诺斯的画作进行修补。他们对受损的藏品进行必要的修复，并确保这些藏品在未来可以长期完好地保存。

从保存的角度，修复工作遇到的一个普遍问题是，用于支撑画作的衬纸已经变质，变得偏酸性。这是玛丽安娜藏品的一个特有问题，影响到了几乎所有绘制在纸上的油彩作品。衬纸中的酸性物质会影响画纸，使其变薄、褪色，从而损及纸张表面上的颜料。

修复师需要用手术刀轻轻去掉衬纸，而把衬纸从一幅画上完整

修复师在玛丽安娜·诺斯修复工作室工作。工作室位于邱园植物标本馆内，植物园专门开辟了这个空间为修复团队提供理想的工作环境。

从画作上移除背衬是一项需要大量时间和人力的
工作，但替换背衬是修复工作的关键步骤。

用棉签清洁画作，使用蒸馏水和唾液有助于清
除画作上的污垢。

剥离，可能需要耗时数小时。取下衬纸后，修复师再测试画作的酸度，
进行碱化处理。然后这些画作会被衬上全新的、符合档案管理标准
的衬纸。之后，大部分画作会用棉签和唾液再进行表面清洁——唾
液含有能分解污垢的酶。有时还会使用蒸馏水进行二次处理。最后，
这些修复好的画作会被装裱到它们原本的画框（同样经过了清洗和
修复）中。

画作的保存

每幅画作都有其针对性的保护修复方案，其中一些还需要进行
额外处理。例如，在一些画作中，玛丽安娜会将画面延伸至背衬上。
这时候，原始背衬就会被保留下来，以确保整个画作的完整性。还
有一些画作是由多张纸拼成的。处理这些画作中单独的一张纸时，
修复师有时会在画作表面贴上一截和纸（Japanese paper），以确保
在没有背衬的情况下这些碎片也可以对齐。一旦新的衬纸衬好之后，
这些和纸就会被小心地移除。

修复师还会通过显微镜检查画作表面损坏的情况。在放大条件

下作业时，用细刷子或者针将翘起和剥落的颜料黏合在一起。损坏情况比较严重时，他们会将黏合剂刷在纸上，一旦干了，就进一步加热，使黏合剂流动进行修复。修复师通常使用极其纯净的保护级黏合剂，例如鱼胶（一种提取自某种鱼类的胶）。少量画作存在大面积颜料缺失，这些缺失部位被补上颜色，以减少露出底层与周围画面间的反差，但是修复师绝不会在这些缺失部位添加丢失的细节或补作新画。他们采取的修复方法使画作在视觉上保持完整，同时也留存了历史的痕记。

藏品的增加

这项修复工作的意外收获是有了很多新发现。一位修复师在修复玛丽安娜的第一幅画作（366 号作品）时，将背衬移开之后发现，

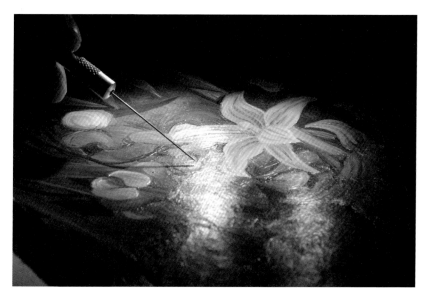

在显微镜下工作。在把一小块碎片固定到画作上之前，一位修复师利用解剖针将碎片细致地移动到位。

一位修复师轻轻地剥开背衬，露出了隐藏在下面的画作（右上）。在这幅新发现的作品中，描绘的风景与376号作品《番木瓜雄花和发育中的果实》（右下）相同，不过，后者描绘了风景全貌而不是物种特写。

在其背后还隐藏着一整幅画。这幅被发现的画与收藏品中的另一画作十分相似，仅是方向有所不同。据此判断，玛丽安娜似乎对这幅原稿的构图并不满意，选择了重画，所以就在此画纸的背面画了另一幅画作。

发现墨迹

在这次修复过程中还发现了一些可以佐证玛丽安娜绘画方法的证据。我们现在知道，玛丽安娜的惯常绘画方法是在上油彩之前先用墨水勾勒草图，油彩经常是被直接从管子中挤出使用。在画作和背衬反面发现的墨迹，大多与地点以及植物名称有关，但有时背面也会有整幅草图。在创作于智利的一系列画作中，在8号画作的背面发现了一幅草图，与19号画作非常

接近，表明这幅草图是为后者做的前期准备工作。

这些草图并不总是出现在画作的背面：有时它们会出现在修复师努力移除的各种背衬上。感谢修复师的精湛技艺，保留了这些草图。一些草图与文字相对容易分离下来，可以单层取下或者轻易地与画作分开。而在另一些情况下，为了保护这些有历史价值的草图或注释文字，分离背衬则必须谨慎操作。

有时注释文字与画作最后加工所用的颜色有关，不过也发现了其他更有个性的描述。其中之一是对一只树懒的文字描写。尽管这只树懒在这幅画（823 号作品）上仅是一个小点，玛丽安娜的注释还是记录了树懒的活动和它的食物，显示出她对于树懒的浓厚兴趣。

法医式查证

有一些隐蔽的物体由于过于细小而难以用肉眼观察到，包括衣服上的纤维、笔刷上的毛，有些甚至有可能是玛丽安娜·诺斯本人的。在画作中甚至还发现了一些种子乃至昆虫碎片，这清楚地表明有一些画作是在野外完成的。

通过显微镜和专业设备的观察，这些发现物为研究玛丽安娜的作画方法提供了新的方向。在玛丽安娜绘画的那个时代，也就是 19 世纪，合成颜料已被引入艺术界，尽管如此，天然颜料仍然受到艺术家的欢迎，玛丽安娜也不例外。

茜草色素是一种从植物中提取的色素，通常取自染色茜草（*Rubia tinctorum*）[①]的干燥根。它含有一种能与紫外线起反应的成分，所以通过在紫外线下观察画作，修复师们可以确认哪些画作

---

① 茜草科茜草属植物。

中存在茜草色素。靛蓝是另一种在玛丽安娜画作中发现的植物色素，而其他天然色素则更难检测。巴西苏木（*Paubrasilia echinata*）[1]、洋苏木（*Haematoxylon campechianum*）[2]、龙血树（见本书 54 页玛丽安娜在这棵树的发现地所作的画作）都用于提取树脂。为了查证它们是否被用在画中，修复团队从画作中采集了少量颜料样品，但尚无结果。

史料留传

除了实际的修复工作，修复团队还建立了评估以及修复工作的文字记录和图像记录。这些详尽记录对于未来的策展人和藏品修复师来说十分重要，它们极大地提升了藏品的历史价值和文化价值。关于玛丽安娜·诺斯的绘画方法、技术和材料的全新信息，尤其是新发现的草图和画作，都会为未来开展玛丽安娜·诺斯研究提供丰富的资料。

---

[1] 即硬刺巴西利亚木，原为云实科苏木属（*Caesalpinia echinata*）种类，后归入新成立的巴西利亚木属（*Paubrasilia*）。
[2] 也称采木，为云实科采木属种类。

新发现的草图有时与现有的收藏品紧密相关。就像这幅草图（下图）一样，显然是647号作品《从爪哇茂物画家居所窗口看到的风景》（上图）的前期草稿。

图书在版编目（CIP）数据

大自然的恋人：玛丽安娜·诺斯的画旅人生 /（英）
米歇尔·佩恩著；刘启新，刘然译 . —南京：江苏凤凰科学
技术出版社，2023.7
　　ISBN 978-7-5713-3507-6

　　Ⅰ.①大… Ⅱ.①米… ②刘… Ⅲ.①玛丽安娜·诺
斯—生平事迹 Ⅳ.① K835.615.72

中国国家版本馆 CIP 数据核字（2023）第 055879 号

江苏省版权局著作权合同登记图字：10-2019-097

大自然的恋人：玛丽安娜·诺斯的画旅人生

著　　者　（英）米歇尔·佩恩
译　　者　刘启新　刘　然
责任编辑　周远政　卢　炯
责任校对　仲　敏
责任监制　周雅婷
封面设计　蒋佳佳
排版设计　施　惠

出版发行　江苏凤凰科学技术出版社
出版社地址　南京市湖南路 1 号 A 楼，邮编：210009
出版社网址　http://www.pspress.cn
印　　刷　南京新洲印刷有限公司

开　　本　718 mm×1000 mm　1/16
印　　张　11.25
插　　页　4
字　　数　130 000
版　　次　2023 年 7 月第 1 版
印　　次　2023 年 7 月第 1 次印刷
标准书号　ISBN 978-7-5713-3507-6
定　　价　78.00 元